森 幸二の
自治体法務研修

法務とは、
一人ひとりを
大切にする
しくみ

森 幸二／著

公職研

はじめに

　自治体職員は、数えきれないくらいのたくさんの法律や条例（ここでは「法」と呼んでおきます。）を、しごとの道具として使いながら、住民福祉（住民の幸せやより良い暮らし）を実現していかなければなりません。

　それらの法は、すべて条文でできあがっています。
　法の見た目は文字列であり、一定の論理性を持った文章です。

　でも、条文は法が世を忍ぶ仮の姿です。
　とりあえず、目に見える形になっていなければ、規程（ルール）として、社会で機能できないので、文章になっているだけなのです。

　法の本体は、条文には表れない大切なこと、つまり、「法的なものの考え方」にあります。

　その「法的なものの考え方」をつかむことによって、法がみなさんに、「どうしても伝えておきたいこと」や「社会においてこれだけは実現してほしいこと」が理解できます。

　そして、「何が正しいのか」が、見えてきます。

　この本は、難しい法律の専門書ではありません。
　研修では教えてくれない「法的なものの考え方」を身につけるための本としてつくりました。

令和5年9月

　　　　　　　　　　　自治体法務ネットワーク代表　　森　幸二

目　次

I

まずは、「正しいことかどうか」を考える

1 違法行為の本当の原因

■ *Episode* 特産物のＰＲ

　Ｘ市では、室町時代から梅の栽培が盛んです。しかし、梅の産地としては、あまり有名ではありません。「知る人ぞ知る名産地（名産地ではない）」状態なのです。

　Ａさんは、Ｘ市で生まれ育ち、大学卒業後は東京の民間企業で働いていたものの、その後「いろいろ」あって転職し、社会人採用枠でＸ市に採用されて12年目です。

　今年度から農業振興担当課長となり、Ｘ市特産の梅干を紀州や若狭の梅に負けないくらいのブランドにしたいと、いつも考えていました。

　職員には、「本市の職員は、ＰＲが下手だ。せっかく本市にもいいものがたくさんあるのに。その代表が特産の梅だよ。これだから役所はダメなんだ。みんなは知らないだろうけど民間では…。」と言い続けています。

　さて。ある日、Ａ課長は、インターネットで「梅には、抜け毛を防止するとともに発毛を促す効果がある。」という記事を見つけました。

　「これだ！」と思ったＡ課長は、生産者団体と協議して「ふさふさ梅」と名づけ（いわゆる「ブランド化」して）、「薄毛に効果抜群！　ちょっと気になりだしたらＸ市特産『ふさふさ梅』を食べよう！」というパンフレットを１万部作成しました。また、Ｘ市のホームページやフェイスブックなどのＳＮＳにも掲載して、全国へ向けてのＰＲも始めました。

　ところが。数週間経ったある日、Ｘ市の区域を管轄する県の保健所から、「Ｘ市が宣伝している『ふさふさ梅』の効果は、科学的に実証されたものではない。にもかかわらず、効果を期待させるような広告の表示をしている。健康増進法に違反（誇大表示）している疑いがある。」との指摘を受けました。

6

健康増進法（一部略）

（目的）

第1条　この法律は、国民の健康の増進の総合的な推進に関し基本的な事項を定めるとともに、国民の栄養の改善その他の国民の健康の増進を図るための措置を講じ、もって国民保健の向上を図ることを目的とする。

（誇大表示の禁止）

第65条　何人も、食品として販売に供する物に関して広告その他の表示をするときは、健康の保持増進の効果その他内閣府令で定める事項（次条第3項において「健康保持増進効果等」という。）について、著しく事実に相違する表示をし、又は著しく人を誤認させるような表示をしてはならない。

健康増進法に規定する特別用途表示の許可等に関する内閣府令

（法第65条第1項の内閣府令で定める事項）

第19条　法第65条第1項の内閣府令で定める事項は、次のとおりとする。

⑴ 含有する食品又は成分の量

⑵ 特定の食品又は成分を含有する旨

⑶ 熱量

⑷ 人の身体を美化し、魅力を増し、容ぼうを変え、又は皮膚若しくは毛髪を健やかに保つことに資する効果

　法律の「つくり」においては、法律そのものですべてを決めるのではなく、一定の具体的な事柄は、「政令で定める。」とか「○○省令で定める。」というように、法律から、議会の議決がなくても機動的に変更ができる政令や省令に「委任」することが一般的です。

　ここでは、健康増進法（国民の代表である国会の意思に擬制された国民の総意）から、「絶対に虚偽の表示をさせてはならない項目については、あなたに任せますから、しっかりと決めなさい。」と委任された内閣府令（内閣という行政組織の判断・知見）において、ことさらに「毛髪を健やかに保つこと（19条4号）」が規定されています。

　その意味は、毛髪の有無や量などの髪の毛のありようは、人の容貌としてと

ても関心が高く、髪の毛が薄くなることを、多くの人がとても深刻に気にしており、それに乗じて、「毛が生えてくる。」ことを謳った詐欺まがいの商品が実際に多く出回っているからです。

　A課長は、「ふさふさ梅」の企画によって、「こんな人がいるから、（わざわざ）こんな法律ができたのだ。」の「こんな人」に、X市の生産者やX市を貶めてしまったのです。

　保健所の指摘にも正当な回答や反論を返すことができません。そして、このX市による誇大表示問題は、マスコミでも大きく取り上げられました。

　自治体は、法律や条例に基づいて、民間団体や住民を指導・規制する役割を担っています。ですから、一つの事業者として法律の規制を受ける立場に回った場合は、率先して法律を遵守しなければなりません。そうでないと、示しがつきません。

　その模範事業者でもあるべき自治体が、「根拠のない（要するにうその）宣伝をする。」という、とても分かりやすい違法行為を行ったのですから、その社会的な反響は小さいはずがありません。

せっかく印刷したパンフレットは、すべて回収・廃棄する事態に。かかった経費は、無駄な歳出となってしまいました。

インターネットやフェイスブック、インスタグラムなどに広まった記事は、X市の職員の努力だけでは、消すことができません。むしろ、問題を受けて、ネガティブな意味で、盛んにSNSに取り上げられ始めました。

問題発覚前の少ないながらも好意的な拡がり（「拡散」とかいうらしいですね。）よりも、「X市が（また）やってしまいました。」、「これが例の『ふさふさ梅だ！』」的な記事のほうが、はるかに多いという状況になっています。

結局、「ふさふさ梅事業」は、かえって、X市の梅のイメージを大きく傷つけることになってしまいました。「良い製品だが、いまひとつ有名ではない。」から「品質は怪しいが、変な意味で有名。」な梅干になったのです。おいしい梅を真摯に作ってきた生産者のみなさんにとっては、全く余計な事に終わったのです。

そもそも、「『ふさふさ』などと奇妙な名前をつけてまで、有名にならなくてもいいのではないか。そこまでして、金儲けをしなくてもいいのではないか。」という一部の生産者の声を、「その考え方は古い。これからの農業は…。」的な言葉で説得してこの事業を進めてきたのです。

A課長は、「法に触れるとは思わなかった。健康増進法の規定を知らなかった。大いに反省している。課内で、健康増進法の研修をして、再発防止に努めたい。」と謝罪会見で述べました。

さて、A課長は今回の大失敗について本当に反省できているでしょうか。そして、同様の失敗を今後、繰り返さないでしょうか。

法的なものの考え方

A課長の今回の言動のどこに問題があったのだろうか。「ふさふさ梅」ではなく、「ふっさふっさ梅」にすべきだったのか、それとも、「法律を知らなかった」という正直でデリケートなコメントではなく、「健康増進法の解釈についての県保健所との見解の相違で（相違も）ある。」という、よくある会見テクニック的な修辞を用いて、言い訳（ごまかし）を弄するべきだったのか。

１　そもそも正しいことかどうか

　「法的なものの考え方」から、Ａ課長ないしはふさふさ梅事業に対して指摘できるのは、そういうことではない。もっと、自治体職員として本質的にどうあるべきなのか（だったのか）という部分を掘り下げることになる。

　ここで、（まじめに・法的に）みなさんと大切な課題として共有したいのは、Ａ課長が、今回の失敗の原因を、健康増進法の誇大表示禁止の規定を知らなかったことだけにあると考えている点である。

　仮に法律による禁止規定がなかったとして、商品の効能を科学的に確かめずにいい加減な（かもしれない）ネットの情報をかき集めてＰＲすることが、自治体職員として、社会人として、人として正しい行為だろうか。

　全国には頭の問題（頭脳ではない。見た目）で真剣に悩んでいる人は多い。私の周りにも散見される。私は、気づかないふりをしている。彼らと対峙したときは、視線をそうでない人と向き合ったときよりも、やや下に置くことを心がけている。慣れれば、そう難しくはない。ぜひ、やってみてほしい。

　うかつに見てしまった場合は、「見た目が不毛でも、議論が不毛でなければいいじゃないですか！」と励ましたりもする。効果のほどは分からない。これは、やらないほうがいい。

　いずれにしろ、Ａ課長は、不毛や薄毛に悩む彼らが藁にもすがる思いで、上下の唇を尖らせながら、そして、鏡を見ながら、「ふさふさ梅」を５個、６個と必死で食べる姿を想像できなかったのだろうか。

２　法的な判断における心のズレ

　Ａ課長に限らず、法律や条例に違反する法的なミスをしたときに「そんな法律があるとは知らなかった。」、「私は法律が苦手だから。」と弁解する自治体職員は多い。しかし、それは謙虚な反省ではなく、自惚れや欺瞞である。失敗を繰り返さないために必要となる本当の反省ではない。

　法律の規定がなくても、正しくないこと、やってはいけないこと、やるべきではないことはたくさんある。

　○○法に違反するとされる行為の中には、政策的に禁じられている行為についての違反と根本的な不正義についての違反とがある。

　後者は、対象行為が違法であることをあらためて確認したうえで、その行為を発生させないための担保として罰則などを法律で定めているだけで、根拠法があろうがなかろうが、本来的・社会的に「違法な（正しくない、やってはいけない）行為」なのだ。

　だから、法律に違反する行為の根本的な原因の一つは、法律を知らないこと以前に自分の中の正義（何が正しいか、正しくないか）が世間一般とずれているか、あるいは、そもそも正しいことなのかどうかを考えずに、意思決定をして行動を起こすことにある。今回の失敗も、Ａ課長の「正義のズレ」や「正義の不在」が原因なのだ。

３　法的なミスを防ぐために

　人にはプライドがある。だから、「法律を知らなかった。」、「勉強不足だった。」という類の、ミスは自分という人間の本質に起因するものではなく、ミスを防ぐための知識に触れるきっかけがなかっただけだ、という都合のよい反省に終始してしまいがちだ。たまたま、必要な情報がなかっただけだと。本当は、そんな人間ではないのだと。

　しかし、「うちの子はやればできるんです！　先生！」は、大人になったら、もう通用しない。そこから、卒業しなければならない。「やってもできない自分」を前提に用心深くしごとに取り組むか、自分自身の考え方や事物への向き合い方を根本的に変える努力をするかのどちらかをしないと、いつまでも、法的な（本質的な、本当の）事務（しごと）はできない。

　Ａ課長は、「健康増進法さえなかったら、こんなことにならなかったのに！」と思っているに違いない。

　X市では、遅ればせながら、ゆるキャラグランプリの優勝を目指して、新しいゆるキャラを考案することになりました。

　ゆるキャラ作りは観光課が担当しています。約半年をかけた検討の結果、「これなら、グランプリ間違いなし！」というゆるキャラの案が決まりました。

　しかし、農業振興課から異動してきた観光課のA課長は、何かが心に引っかかるようで、ある日、法制担当のところに相談にやってきました。前任時における「ふさふさ梅事件」の経験が少しは役に立っているようです。

観光課のA課長：「考案中のゆるキャラが、著作権法に触れないかどうか相談に来たんです。よろしく、お願いします。」

法制担当のBさん：「課長直々に来られたのですね（何かあるな？）。恐縮です。
　　こちらこそ、よろしくお願いします。それで、どんなゆるキャラですか。」

観光課のA課長：「これです。」

　このゆるキャラは、赤いほっぺた、短く黒い脚、そして、頭には大きな角が生え、右手に扇子を持っています。

法制担当のBさん：「（よくも、こんなものを考え出したなあ。）このゆるキャラは、どうやって考案したのですか。」

観光課のA課長：「全国的に人気のひこ○○○と××もんを合体させたのです。いいアイディアでしょう！　ここまで、考えるのに苦労したんですよ。やっとできあがりました。」

法制担当のBさん：「ちなみに、このゆるキャラは、何という愛称ですか。」

観光課のA課長：「『ひこもん』です。」

法制担当のBさん：「（見たままですね。）この『ひこもん』はボツにすべきですね。」

観光課のA課長：「えっ⁉　でも、ここに来る前に、あらかじめ弁護士さんと

弁理士さんに相談したら、このくらい違っていれば、著作権法上はセーフ
だと言っていましたよ。仮に、H市やK県から、無断翻案（変形）だとか
無断複製（コピー）だと訴えられても、私が弁護して、良い裁判官に当たっ
て、運が良かったら裁判に勝てるって…。」

著作権法（一部略）

（複製権）

第21条　著作者は、その著作物を複製する権利を専有する。

（翻訳権、翻案権等）

第27条　著作者は、その著作物を翻訳し、編曲し、若しくは変形し、又は脚色し、
映画化し、その他翻案する権利を専有する。

（著作物の利用の許諾）

第63条　著作権者は、他人に対し、その著作物の利用を許諾することができる。

2　前項の許諾を得た者は、その許諾に係る利用方法及び条件の範囲内において、
その許諾に係る著作物を利用することができる。

法制担当のBさん：「どうしても、『ひこもん』を実現したければ（止めたほう
がいいと思いますが）、H市とK県の著作物（表現された創作物）を利用
するのだから、著作権法上の許諾を、それぞれの自治体から得なければな
りませんよ。

観光課のA課長：「とにかく、弁護士さんと弁理士さんは、大丈夫だって言っ
ているのですよ。ひこ○○○と××もんを利用したわけではない、たまた
ま思いついたものが似ていただけだとか、象徴的な部分は似ていないとか
主張すれば、著作権法違反にならなくなるって（「著作権法に違反する。」
ではなく、「著作権法違反」と熟語に仕立てていることに注目！　本気で
法律を守る意思がない人・法律とは何かが分かっていない人に特徴的な言
い回し。法律に違反することを外形的な手続き違反のように捉えてい
る。）。」

法制担当のBさん：「実際には、ひこ○○○と××もんを利用、つまり、翻案
して「ひこもん」を作成したのでしょう。それが事実なのでしょう。だっ
たら、その事実がすべてではないですか。

訴えられても勝てるとか、損害賠償責任は発生しないとか、そういう問題ではないのです。ここは自治体であり、わたしたちは自治体職員なのです。そのことを考えて判断しましょう。弁護士さんたちのいう〔違法〕と、私たち自治体職員の『違法』とは意味が違うのです。」

観光課のＡ課長：「じゃあ、不動産鑑定士と税理士にも相談してみましょうか。」

法制担当のＢさん：「無駄です。」

観光課のＡ課長：「じゃあ、愛称を『くまにゃん』にします。」

法制担当のＢさん：「だめです。同じです。そういう問題ではありません。

　もう、著作権法の話は止めにしましょう。そもそも、他人が時間とお金をかけて作ったものにただ乗りするのは正しいことではありません。観光課の本当の意図はそこにあるのでしょう。

　ひこ○○○や××もんの人気にあやかろうとしているだけで、グランプリさえ取れれば（取れないと思いますが。）、何でもいいのでしょう、あなたは。例えば、今、私も思いついたのですが、『ひこッシー』でもいいんでしょう。

　昨日、観光課の係長に聞きましたよ。これがだめだったら、次は、『ぐんまもん』とやらを考えているそうじゃないですか。そのような行為や考え方が、仮に著作権法に違反していないとしても、『違法』なのですよ。」

観光課のＡ課長：「でも、民間では、『○○法第××条』という具体的な法律の規定に明確に触れたり、契約違反になったりしない限り、他社のアイディアを積極的に利用して、事業を行っているんですよ。

　にもかかわらず、本市では、ほかの自治体の成功例を参考にして考案した『ひこもん』が、こうして否定される…。この件に限らず、うちの市では、事業課のアイディアに法制課とか契約室とかスタッフ部門が、やたらいろいろとケチをつけますよね。

　そんな組織の体質が本市の停滞を招いているんじゃないですか。その典型が、今のあなたがしているような、いつもの法制課の指摘やアドバイスですよ。

　余計な口出しをせずに、法律違反かどうかだけをしっかり判断してくださいよ。それが、あなたのしごとでしょう。」

法制担当のBさん：「民間では〔違法〕とは法律違反や裁判で損害賠償を命じられるような行為を指します。でも、繰り返しますが、自治体では『違法』とは『正しくないこと』を意味するのです。

　そこには、『正しくないことは、一時的には住民に利益をもたらしても、必ず、その利益に倍する損害や善くないことを住民に及ぼしてしまう。』という経験則もあるのです。政策的に考えても、やはり、正しくないもの、つまり、『法的でないもの』は、実現するべきではないのです。

　あなたは、民間から来て、民間の目で自治体に欠けている視点や考え方を提示して、そこから事業を実施しようとしているようですが、その中には、『正しくない（法的ではない）』という意味において、自治体では検討すべき案ですらないものも含まれているのですよ。

　事業の分野や内容は違うものの、方法論としては法的でないものや、かつて本市や多くの自治体で、すでに失敗したやり方（正しくない方法）を、言葉を変えて、あなたが、また、提案しているのですよ。

　あなた以外の職員が、あなたの提案の内容を思いつかないのではなくて、行ってはいけないもの、自治体職員にとって、あらかじめ排除しなければならないものとして、口にしない、提案しないのです。

　そのことに、あなたは気づかずに『役所的だ。』とか『発想が限られている。』などと周りを批判しているだけではないのですか。服を着ていない、

王子のお父さんのようですよ。

　やみくもに『民間では。』を振り回すのではなく、早くそれに気づいてください。

　それに、おそらく、あなたが考えているほど、自治体職員はあなたにとって与しやすい存在ではありませんよ。民間の人とは、主張の方法が異なるだけです。

　もし、あなたが、前の会社でうまくいかなかったのだとしたら、このまま考え方や態度を変えない限り、また、ここでも居場所を失くすことになりかねませんよ。

　確かに、わたしたち自治体職員（のしごとぶり）は、『お役所仕事』などと批判・揶揄されることも少なくありません。その批判などの背景には、漫然と何の工夫もなく定型的なしごとをずっと続けているという評価があるように思います。

　しかし、実際には、自治体も多くの工夫を続けながらしごとをしています。ただし、そこでは、どのような工夫を選択・採用するにせよ、『正しい（法的な）手段を使って住民のために働く。』という『形』だけは守っていかなければなりません。

　あなたから見れば、その『形』を維持することに何の意味があるのだと思うかもしれません。しかし、社会的に弱い立場に置かれている人たちから見れば、『功利的な手段を排除してでも正しいことを貫いている場所がある。』ことが、仮にそれが漠然とした期待であっても、また、結果として、期待に応えてくれなかったとしても、『あそこに行けば、どうにかしてくれるかもしれない。』という希望につながっているのです。

　その希望は、福祉の制度がどのようなものかとかだけではなく、自治体という場所や自治体職員の『普段のありよう』が支えているのです。『（民間とは違って）、あんなやり方はしない人たち』で、私たちがあり続けることには大きな意味があるのです。

　ですから、自治体のしごとにおいて、新しい工夫を凝らすことは容易ではないのですよ。あなたは、本市に転職してかなりの年月が経ったにもかかわらず、未だに、その工夫のあるべき方法をつかんでいないのかもしれ

ません。

　『民間では…』、『行政は…』と部下に指摘・指導する前に、数秒、呼吸を置いて自治体の事務事業に取り入れるべき「民間では。」なのかどうか、つまり、『法的なものなのかどうか』きちんと見極めてみませんか。それが、民間から自治体へ転職したあなたの経験をここで活かすための正しい方法ではないでしょうか。」

法的なものの考え方

　民間における事業実施に際しての意思決定は、主にメリット・デメリットの相互比較による判断、つまり、どの案が最も有効か（利益を生むか）によって事業が選択され、実行に移される。

　自治体における意思決定は、メリット・デメリットだけではない。それに、「法的な判断」が加わる。「法的な判断」とは、法律や条例などの法令に違反していないかどうかだけではない、そもそも「正しい（こと）かどうか。」についての判断だ。

　自治体における「法的である。」とか「違法だ。」とは、このレベル・段階の議論を指す。「違法」とか「法的でない。」という言葉を「○○法第××条違反」という意味ではなく、「それは、自治体として、自治体職員として、行うべきことではない。」という意味で、共有しなければならない。

　「違法」、「法的でない。」を、「この事業はとても効果はありそうですけど、法的ではないよね？」、「そうですね。実施できないですよね。」というような形で自然に使えるようになると、とてもよいと思う。

　法的な会話とは、六法全書や例規集を片手に条文を示して行うものだけではないのだから。

II

「読む」のではなく「解釈」する

1　子ども連れで投票できるか？

投票所で

　K市職員のAさんは、選挙のたびにX投票所で選挙事務に従事しています。

　ある年の7月下旬に行われた参議院議員選挙で、3歳くらいの子どもを連れた女性が、投票にやってきました。

　さて。この女性をこのまま、入場させてもよいでしょうか。

法的なものの考え方

　勉強会でこの問題を出すと、「開場時刻の7時を過ぎているのか？」とか、「投票券を持っているかどうか確かめたのか？」とか、真顔で質問する人がいる。

　言うまでもなく、論点は、女性が連れている「子ども」にある。

　自治体職員の経験則とマニュアル

　では、まず、社会常識や自治体職員の経験則から、子どもを連れたまま投票所に入場できるのか、言い換えれば、選挙権を持たない子どもを投票所に入場させてよいのか判断してみる。

　誰に尋ねても、「入場させるべきだ。」、「入場させることに何の問題があるのだ。」と答えるに違いない。

　でも、何かの根拠がないと、「子ども連れOK」という結論の正当性が担保できない。そこで、次に根拠を見つけて、それをもとに判断してみる。

　自治体で、普段の業務の「根拠」として使用されているものは、手引きや引継ぎ書などのいわゆるマニュアルだ。

　何分冊にも分かれている「K市選挙事務マニュアル」にも、「子ども連れの選挙人が来場した場合は、そのまま入場してもらうように。」という趣旨のことが書いている。やはり、「子ども連れで入場できる。」という結論になる。

　ここでは、マニュアルというものには、「なぜ、そうしなければならないのか、

どうして、そうすることができるのか。」という理由や「何のためにそうするのか。」という「目的や趣旨」が記載されていないものが多いということを、確認しておく。

❷　自治体職員のしごとの根拠は「法」

　しかし、マニュアルは自治体職員のしごとにおける本当の根拠ではない。そこに書いていることには正当性（結論としての正しさ）はあっても、正統性（成り立ちの正しさ）がないのである。

　マニュアルというものは、本当の根拠である法律や条例にあるさまざまな規定の中で、適用されることが多い条文について、「こんな住民が来たら、（とにかく）このように対応しなさい（そうすれば大きな間違いは起こさない）。」と書き下したものにすぎない。

　よりどころとすべきは、正当性と正統性を兼ね備えた正式な根拠、つまり「法」だ。自治体のしごとにおける法には、「法律、政令、省令、条例、規則」がある。

　このうち、住民の権利や義務（ここでは子ども連れで投票できるかどうか）に関わる事柄について、根拠として機能できるのは、住民の代表である議会で話し合って決めた法、つまりは、法律と条例である。

❸　民間におけるしごとの根拠

　民間企業であれば、お客さんとの契約がしごとの根拠となる。会社の利益を図る目的を持って、顧客の希望をすり合わせながら、契約を得る。

　あとは、その契約内容（契約書に、おおむね具現化される。）を、互いに不満が残らないように実現するだけだ。契約の内容は、会社と客が納得すれば途中で変えても、破棄しても構わない。

　基本的には、どんな契約を締結しても、また、その契約内容をどのような形で実現しても（しなくても）当事者が良ければそれでよい。

❹　自治体職員のしごとと法の根拠

　自治体のしごとは、民間とは根拠のあり方が違う。契約のように、当事者同士が、自分たちのことを自分たちの利益を基準に自分たちで話し合って決める

のではない。

　自分を含めたすべての住民に必要な事柄を、住民が選挙で選んだ議員が住民の代表として（誰が誰の代表というわけではなく、すべての議員がすべての住民の代表として）議会で話し合って、「○○については、してはいけないことにしよう。△△は、しなければならないことにしよう。××をする際には、許可が必要だということにしよう。」と、決めた事柄がしごとの根拠となるのである。

　それが、法律や条例だ。法律や条例に規定している事柄は、本来なら、住民総会で決めるべき内容なのだが、そんな場所や時間は見つけることが難しいので、議員が議会で決定している。

　法律や条例は、契約にたとえるのなら、住民（国民）みんなが決めた契約、いわば、「社会契約（民間は個人契約）」だと表現できる。

　議員が、住民から実印を預かっていて、法律案や条例案に賛成するときに、預かった実印を住民の代わりに押すというイメージだ。

　その押印が過半数あれば、法律や条例は成立し、代表である議員の意思を介して、すべての住民が自ら社会契約を締結したことになり、その契約内容を守らなければならなくなる。

　みなさんは、窓口で「税金が高い！」とか、「なぜ、許可が必要なのだ？」と責められた経験がある（経験をする）と思う。これからは、そんなときは、「それは、あなたが選んだ代表が決めたこと、つまり、あなたが自分で決めたことなのですよ！　だから、守ってください！」という趣旨を伝えることができたらいいのだが…。なかなか、それは、難しいと思う。

5　条文を読む

　では、本当の根拠を用いて判断してみる。選挙についての法的根拠だから、条例（ローカル・ルール）ではなく、法律が根拠になる。

> 公職選挙法
> 　（投票所に出入し得る者）
> 第58条　選挙人、投票所の事務に従事する者、投票所を監視する職権を有する者又は当該警察官でなければ、投票所に入ることができない。

　これが、この場面における法的根拠、公職選挙法58条という社会契約だ。実際には、根拠を見つけることは少し難しい作業だが、条文の冒頭に「（　）」で括られている「見出し」と呼ばれるものを手がかりに、法律や条例の第2条以下から自分が直面している課題（人、物、数字など）について、それを正しく評価できる条文を探していくことになる。

　根拠として見つけた公職選挙法58条の条文を、国語の時間に学校の先生から指示されるように、字義に忠実に、読み間違いがないことだけを留意して読んでみる。

　母親は「選挙人」なので投票所に入れるが、母親が連れた子どもは、選挙権もないし、選挙券も持っていないし、職員でもないし、警察官でもないので、58条のどの要件にも当てはまらず、入場できないことになってしまう。

　ここでは、条文を「読む」という作業を行った結果が「子ども連れはダメ。」という結論を導いていることを、しっかりと確認しておく。

6　条文は読むものではない

　「子ども連れはダメよ。」は、常識や選挙事務の実際と合わない。公職選挙法の逐条解説書にも「子ども連れでも入場させるように。」と書いている。読んだ結果と正しい結論が一致しない。

　ということは、法における解釈は、国語の時間のように対象となる文章（該当条文）を読むだけでは、成立しないということがここで分かる。

　法の条文は、単に読んだだけでは社会に奉仕する道具として役に立たない。それどころか、場合によっては（この場合もそうだが）社会に仇をなしてしまう。子ども連れの選挙人を追い返す結果を招く。

　法の適用において、「条文を読む。」ことと「法を解釈する。」こととは別の精神作用なのだ。

7　目的を理解して解釈する

　では、読むのではなく解釈するにはどうすればよいだろうか。解釈とは何だろうか。読むこととどう違うのだろうか。

　法律には必ず目的がある。理由などないが、「とにかく、こうしなさい。」と

いう義務付けとか、「これは、勝手にしてはいけない。許可を得なさい。理由など聞くな。つべこべ言うな。」などという許可制度を備えた法律は成立しない。社会における存在意義がない。

　法（法律や条例）の目的は、第1条に規定されており、各条文はその目的を達成するための手段である。これは、法律や条例に限らず、ルール一般におけるもののどうりだ。

　だから、法の冒頭に目的がある。法とは、「規定（手段）に当たる前に、まず、これ（目的）を、しっかりと理解しなさい。理解したうえで、2条以下を、それぞれが独立した規定だなどと誤解することをせずに、この目的の手段だと心得なさい。」というしくみである。第1条に置かれている目的規定こそが、法律の本体であり、正体なのだ。

　では、公職選挙法がどんな目的でつくられたのかを確認してみる。繰り返すが、58条は、この目的の達成・実現のための手段である。

公職選挙法

　（この法律の目的）

第1条　この法律は、（中略）その選挙が選挙人の自由に表明せる意思によって公明且つ適正に行われることを確保し、もつて民主政治の健全な発達を期することを目的とする。

---

①不正のない選挙を行う（「公明且つ適正に行われることを確保する。」）。
②なるべく多くの人に投票してもらう（「民主政治の健全な発達を期する。」）。

　要約すると、①と②の二つを公職選挙法は目的としている。解釈とは、要件と効果を定めている直接の根拠条文（この場合は58条）を手がかりに、対象（子ども連れでの投票所への入場）をこの目的から評価することを意味する。合目的性の確認である。

　まず、「①不正のない選挙を行う。」については、子どもが「○○党に投票するのは止めましょう！」などと叫んで選挙を妨害したり、「おかあさん、○○党は公約違反が多いから止めておいたほうがいいよ。」などと、母親をそそのかしたりはしないだろう。消極的な意味において、子ども連れでの入場を認めることは公職選挙法の目的の実現・達成を阻害しないと思われる。

　今、思い出したのだが、昔、「天才バカボン」という漫画に「ハジメちゃん」という、幼児にして大人並みの（少なくとも、私を超える）明晰な頭脳と主体的な意思を持ったキャラクターが描かれていた。彼なら、投票教唆も可能であるが、実在はしないと思われる。

　さらには、この母親が仮に、投票所への行き帰りの間、この子どもを預かってくれる人がいない環境（例：実家が距離的に遠い、あるいは、義実家が感情的に遠い）で生活しているとしたら、子ども連れでの投票が認められない場合、彼女は、自らの意思を政治に反映できなくなる。積極的な意味においても、子ども連れで投票できる環境を整えるべきだ（②なるべく多くの人に投票してもらう。）。

　よって、投票の際、子ども同伴を認めることが、法の目的に合致する。文理としての、論理的・数学的な意味での法「文」の要件には当てはまらないが、「子どもが公正な選挙を阻害する恐れはない。また、子ども同伴での投票を認めないと選挙権を行使できなくなる選挙人も存在する。だから、法の目的を実現するためには、子ども同伴の入場を認めることが正しい。」という、公職選挙法58条の解釈が成り立つ。こう捉えれば、58条は同法の中で、1条の目的の実現の手段・道具として、しっかりと機能する。

❽　条文は法の表現形態の一つ

　ここで、みなさんから、「目的に合うかどうかで判断すればよいのなら、第1条の目的規定だけあれば、いいじゃないか。2条以下の要件効果の規定は何のためにあるのだ。」という質問を受けそうである。だから、先回りして、予防的に自問自答しておく。

　この法律ができたときのことを、みなさんが、当時の公職選挙法制定委員会の委員になったつもりで考えてみていただきたい。

　法律や条例をつくるときは、いきなり条文を書き起こしたりはしない。この点については、実務において、市長から、「○○についての条例の制定を検討するように。」と指示されて、急いで、隣の市の同じような条例を引き写し、「これをチェックしてください。」と法制課に相談に来る職員がいる。何か所かは、条文の主体が真似した市の名前のままになっている（書き直し損ねている）の

が、切なく、また、いじらしい。

　法律や条例を制定する際には、まずは、中身・内容を「要綱（法律案・条例案）」という形で作成し、要綱が固まったら、それを法制執務という一定の作法・書きぶりにしたがって条文化する。「及び」と「並びに」の使い分け、みたいな作業である。

　とにかく、まずは、内容の決定だ。「条例をつくる。」ことは「条文を作る。」こととは違う。後者は、前者の作業過程のほんの一部にすぎない。

　公職選挙法制定委員会においても、「投票所に入場できる者」について検討されたはずだ。その中で、子ども連れで投票に来る住民の存在は容易に予測できるので、議論になったに違いない。おそらく、全会一致で「入場可」となったと考えられる。

　そのうえで、58条の条文を検討する際に、「選挙人が同伴する子どもは入場できる。」と規定しなければならないかどうかを議論したと思われる。そこでは、「そんなことわざわざ規定しなくても、目的や常識から分かるでしょう。」、「規定すると、ただでさえ長い条文が、さらに長くなる。」などの意見が出て、この58条になったのだ。おそらく。

　法律の条文とは、内容の表現であり、多くの形がある。一つの内容を条文化するのに、一つの表現しか存在しないわけではない。実際の条文は、その表現形態の一つにすぎない。

　だから、法とは「読む。」ものではなく、「解釈する。」ものなのだ。公職選挙法58条の本体は、子ども連れで投票している選挙人の姿であって、条文の文理ではない。

　なお、実務においては、多くの場合「○○法逐条解説書」というタイトルがついている解説書に立法の経緯や正しい解釈の例が詳しく述べられている。どんな法律や条例であっても、解釈においては広辞苑を引くのではなく、このような解説書を、ぜひ、参考にされたい。

❾　法の目的と自治体職員のしごと

　法の目的を把握・理解することは、わたしたち自治体職員が自分のしごとの真の意義を見つけることにもつながる。公職選挙法とは別の例を挙げる。

動物の愛護及び管理に関する法律（一部略）

第7条

2　動物の所有者又は占有者は、その所有し、又は占有する動物に起因する感染性の疾病について正しい知識を持ち、その予防のために必要な注意を払うように努めなければならない。

3　動物の所有者又は占有者は、その所有し、又は占有する動物の逸走を防止するために必要な措置を講ずるよう努めなければならない。

　みなさんが、この法律の担当者だとする。親戚の集まりで、幼いころからかわいがってくれているおばさんに、「○○ちゃんは、市役所に就職したのよね！よかったわね。小さいころから頭の形がよかったものね！」と言われて、嬉し恥ずかし状態である。

　「ところで、役所で、どんなおしごとをしているの？」とおばさんに尋ねられた。あなたは、「正しい犬の飼い方の指導や啓発をしているんだよ。」と答える。企画だの、まちづくりだの、秘書だのという答えを、ある程度期待していたおばさんは、少し残念そうな顔をして、話題を桜の開花状況に変えようとするかもしれない。

　桜の話になった原因は、おばさんの見栄や自治体のしごと、さらには、職業そのものに対する無理解だけではない。あなたの自分のしごとについての説明ぶりが間違っているのだ。

動物の愛護及び管理に関する法律

（目的）

第1条　この法律は、動物の虐待及び遺棄の防止、動物の適正な取扱いその他動物の健康及び安全の保持等の動物の愛護に関する事項を定めて国民の間に動物を愛護する気風を招来し、生命尊重、友愛及び平和の情操の涵養に資するとともに、動物の管理に関する事項を定めて動物による人の生命、身体及び財産に対する侵害並びに生活環境の保全上の支障を防止し、もつて人と動物の共生する社会の実現を図ることを目的とする。

これが、あなたのしごとであり、しごとの意義であり、次の部署に異動するまでのおおむね３年間における住民にとってのあなたの存在価値だ。放し飼いの飼い主に行政指導を行うことは、目的を実現するための「手段」だ。

この目的で、自分だったらどう自分のしごとについて説明するか考えてみてほしい。

とにかく、ぜひ、自分のしごとの根拠法令の第１条を確認されたい。きっと、「とってもいいこと」が書いているはずだ。

10　あらゆる法に共通する目的〜平等〜

もう一つ、法の解釈において考慮しなければならないことがある。それは「法の目的」である。「それは、言ったばかりじゃないか。」と、すぐに反論しないでほしい。私にも段取りというものがある。

前述したのは、公職選挙法という「個別の法における固有の目的」である。それとは別に、あらゆる法が目指す共通の目的（理念）もある。それは「平等（な社会）の実現」である。

平等とは、「一般的な場合と同じように扱うべきものは同じように取り扱い、一般的な場合と違うように扱うべきものは違うように取り扱うこと。」である。決して、すべてを画一的に取り扱うことが平等ではない。

一般の公の施設、例えば、生涯学習センターであれば、利用者の決定方法は「申込み順（早い者勝ち）」が平等であろうが、公営住宅であれば、「住宅に困っている度合い」によって入居者を決めることが平等である。

「申込み順」という一般的・形式的な平等は、公営住宅における入居者の決定においては不平等なのだ。平等における普遍的な基準など存在しないことを確認されたい。そこにあるのは、「平等（＝正義）」という考え方だけだ。

平等な社会をつくるということは、自治体職員としてどんな事務の担当であっても持っておかなければならない共通普遍の目的である。

しかし、その目的についての一義的な答えはない。「平等」は、自治体職員にとって目的であり、また、課題であり続ける。

いつも、自分が行った結果が「平等」かどうか、窓口を後にする住民の背中を見ながら考えなければならないと思う。

「平等」について、もう少し話をさせてほしい。大事なところだから。

生活保護の決定、税の賦課、給付金の支給など、自治体のしごとの多くは「誰かだけに。」、「誰かにはより多く。」がその基準になる。誰かだけに何かを与え、誰かだけから何かを（多く）奪うことが（も）行政の役割なのである。それは、「（とても）不平等」にも見える。

でも、凸凹を直すのが民にはない官の役割だ。誰にも同じように、何かを与えるような形式的な平等は、凸と凹それぞれの上に同じような何かを積み重ねるだけになることも少なくない。実質的な平等の形成には奉仕しない。

凸凹を正すためには、「同じものは同じように、違うものは違うように。」取り扱わなければならない。

冒頭のエピソードにおいては、子ども同伴の投票を認めることが、彼女をほかの選挙人より優遇することになる、つまりは、彼女がすでに、「投票における一般的な人と同じもの」であるのなら「不平等」であり、法の目的に反する。

しかし、認めることで彼女がやっとほかの選挙人と同じ地位（法的な場所、人として認められる場所）に立てる、つまりは、彼女が「投票における一般的な人と違うもの」なら、それは「平等」である。答えは自明だろう。

平等とは「各人に彼のものを与えること」とも表現される。お気づきのとおり、「彼のもの」は、「権利」という概念の言い換えに相当する。子ども連れで投票できることは、間違いなく「彼女のもの＝権利」であると思うし、権利でなければならない。

彼女の権利を公職選挙法58条の中に見いだし、実現することが私たち自治体職員のしごとである。

11 法の解釈適用と自治体職員の課題（1）

法の条文とは、冷凍食品のようなものである。解凍（解釈）しないと食べられない（適用できない）。解釈する自治体職員の頭と心が電子レンジの役割を果たす。

そのレンジには、法文の意味（要件と効果）を正確に把握する機能はもちろんのこと、Ⅰ「その法の目的を把握する。」、Ⅱ「結果が平等（正しい）かどうかを正当に評価する。」機能が必要である。

そして、Ⅲ「何とかして正しい結果が出るように解釈してみよう！」という主体性がレンジを働かせる電源になる。

その後、公職選挙法58条は改正された。

公職選挙法

（投票所に出入し得る者）

第58条　選挙人、投票所の事務に従事する者、投票所を監視する職権を有する者又は当該警察官でなければ、投票所に入ることができない。

　2　前項の規定にかかわらず、選挙人の同伴する子供は、投票所に入ることができる。

改正によって追加された2項があってもなくても法的な意味は変わらないということが、お分かりだろうか。ここでの理解を獲得するための一定の困難は必ず乗り越えていただきたい。分かったふりをせずに、分かるまで先に行かないで、ここで、何日でも立ち止まっていただきたい。自治体職員として、法という道具を用いて、住民福祉を実現するために絶対に必要な理解だから。

解釈すべき、解釈されるべき、解釈できる事項が条文・言葉（2項。下線部）

で、書き起こされたのだ。

　子ども同伴を認めない自治体がいくつもあったからである。それどころか、投票所の入り口に臨時の託児所を設置して、「子どもさんは、ここで預かります。入れないので。」という対応をした自治体もあった。

　法の改正とは、法の実質的な内容が、それを必要とする社会情勢の変化（「立法事実」と呼ぶ。）に応じて変えられることを意味する。この公職選挙法58条の改正は、法の改正ではなく「条文の書き直し」である。

　58条の内容は何も変わっていない。立法事実は自治体職員における広義の法務能力（解釈する力、主体性、こころざし）の不足である。

　改正前の公職選挙法の案を作成した国の職員は、2項がなくても、自分が自治体職員であれば、「子ども連れの投票を認め、住民の権利を確保することができる。」と判断して条文を作成したはずだ。

　だから、1項の規定にとどめた。彼は、自治体職員にも、1項だけで正しく解釈することを期待したのだ（当然、期待できる、期待してもよい、期待すべき事柄だと考えられる。）。

12　法の解釈と自治体職員の課題（2）

　でも、一部の自治体職員はそれができなかった。そこにあるのは狭い意味での法務能力、つまりは、法的な知識の差などではないのかもしれない。想像することもはばかられるが、国の職員が国民のことを考えているほど、自治体職員は住民のことを大切には思っていないのかもしれない。

　その表れがこの改正後の公職選挙法58条2項だとしたら、自治体職員が抱えている課題の解決は容易ではない（なお、同条は、現在ではさらに改正が加えられている。）。2項は自治体職員にとっての「負の記念碑」だ。

　わたしたち自治体職員は、冷凍食品を心のこもった暖かな料理にして住民に提供できているだろうか。

13　法における目的と手段とのバランス

　法的には意味のない改正であったとしても、2項を規定していたほうが、条文として分かりやすい。明確に「選挙人の同伴する子どもは、投票所に入るこ

とができる。」と規定しているからだ。

　仮に、みなさんが、公職選挙法の法律案をつくるとした場合、「2項を置く
か置かないか？」と質問されたら、「あらかじめ2項を置く。」と答える人のほ
うが、多いだろう。

公職選挙法

　（この法律の目的）

第1条　この法律は、（中略）その選挙が選挙人の自由に表明せる意思によって
　　公明且つ適正に行われることを確保し、もつて民主政治の健全な発達を期する
　　ことを目的とする。

　（投票所に出入し得る者）

第58条　選挙人、投票所の事務に従事する者、投票所を監視する職権を有する者
　　又は当該警察官でなければ、投票所に入ることができない。

2　　前項の規定にかかわらず、選挙人の同伴する子供は、投票所に入ることがで
　　きる。

　しかし、当初の58条の法案を検討した国の担当者は、間違いなく改正後の「2
項パターン」も思いついたはずだ。にもかかわらず、ある明確な理由から、あ
えて、2項を置かなかったのだと考えられる。

　言い換えれば、一見、分かりにくく、解釈適用する立場にある自治体職員に
とっては、不親切にも見える「1項だけパターン」のほうが法として優れてい
る面があるから、2項を置かなかったのである。

　次の問題でその理由を考えてみる。

2 子どもが選挙人と入場できるか？

■ Episode 3年後の投票所で

　それから、3年が経ちました。Aさんは主任主事になり、やはり、選挙のたびに投票所で選挙事務に携わっています。

　明日は、参議院議員選挙だという暑い夏の土曜日。AさんがX投票所として使われている市民センターで投票所の設営事務を行っていると、ランドセルを背負った男の子が、センターの入り口に立って、中を見つめていました。

Aさん：「何をしているの？」

小学生：「ずーっと前に、まだぼくが小さいころ、お母さんとここに来たことがあるような気がするんだ。」

Aさん：「（今でも、小さいでしょ！）そうなの。」

小学生：「おばさんは、ここで何をしているの？」

Aさん：「（怒りを表情に出さないようにして）明日、選挙があるから、その準備なのよ。ここで、国会議員を選ぶ選挙の投票をするの。ここが投票所になるのよ。」

小学生：「ふーん…。ぼくも、明日、とうひょうじょに入ってみたいなあ。ねえ、お姉さん、ぼく、とうひょうじょに入れる？　どうすれば、入れる？」

　さて、Aさんは、この小学生にどう答えるべきでしょうか。必ずどちらかを選んで、どうしてそれを選んだかをしっかりと自己認識したうえで、読み進めてください。

① 「お母さんかお父さんが選挙に行くときに、一緒に連れて行ってもらいなさい。そうすれば、投票所に入れるわよ。」

② 「ごめんね。あなたは、投票所には入れないの。でも、18歳になったら、必ず、投票に来てね。待っているわよ。」

法的なものの考え方■

　法務研修であっても、また、本書のような書き物であっても、進むにつれ、話の展開というか、起・承・転・結のようなものが必要となる。節目節目での、ちょっとしたサプライズ、つまり、「えっ！　そうなの？」のようなものがないと話が締まらない。

　ということは、ここ（すでに2問目だ）でも答えに、一定の意外性が要求される。前問の話からそのまま素直に検討したときに行きつく選択肢ではないほうが、ここでの答えである。そう、正解は②だ。

　この場合も、根拠条文は公職選挙法58条である。子ども連れで投票できることは、前問で確認した。そうであるのなら、ここでも正解は、「①お母さんか父さんに連れて行ってもらいなさい。」であるはずだ。

　しかし、法の規定は目的を達成するためにある。第1条の目的を達成するための手段として、2条以下は置かれている。58条は、公職選挙法の目的である「公正な選挙と投票率の向上を実現するためには、誰でも彼でも、投票所に入って来てはダメだ。入場できる人を制限しなければならない。」という問題意識から発生した課題を解決するために置かれている。

　そう考えると、同じ「子ども連れ投票」であっても、前問のように選挙人が投票するために子ども連れで投票所に入ることは、確かに公職選挙法の目的に合致する。

　しかし、今回のように、子ども（意思表示可能なデジャブーな子ども）の興味を満たすために、子ども連れ（という形になって）投票することは、公職選挙法の目的とは全く関係がない。そこで、「②18歳になったら、選挙人として来なさい。」が、「法的なものの考え方」においては正解となる。

❶　物理的な目と法的な目

　物理的な目で見た場合は、どちらも、子どもの手を引いて記載台で投票用紙に候補者名を書き込んでいる母親の姿は同じである。しかし、法の目的を達成するという法的な目で見れば、両者は異なったものに見えるはずだ。

　もちろん、実務においては、「①お父さんかお母さんと来なさい。」とアドバイスすることになるだろう。「君の入場は、公職選挙法の目的に合わない。」などと小学生に説明する必要はない。

❷　目的と手段とのバランス

　では、あらためて、なぜ、改正前の公職選挙法58条に2項が置かれていなかったのか考えてみる。

公職選挙法

（投票所に出入し得る者）

第58条　選挙人、投票所の事務に従事する者、投票所を監視する職権を有する者又は当該警察官でなければ、投票所に入ることができない。

2　前項の規定にかかわらず、選挙人の同伴する子供は、投票所に入ることができる。

　件の小学生やその親に対して、「公職選挙法の目的に合わないから、親子連れでも入場できない。」と理由を示して法的な（目的に合った）説明をする際に、2項がある場合とない場合とでどちらが優れているだろうか。

　2項があった場合、「目的がどうのこうのとか理屈を言うな。ここに、『子ども連れで入場できる。』と書いてあるじゃないか。」と反論されたら、説明に詰まってしまう。

　このことは、法律や条例の条文は詳しく規定すればするほどよいというもの

ではなく、詳細に規定すると、かえって法の目的の達成を阻害する、手段として目的から独立して一人歩きしてしまいかねないということを意味している。

　みなさんは、税の減免や補助金・助成金の交付のしごとをしている中で、「この人は制度の趣旨に合っているのだけれど、要件に合わないので対象にできない。」という葛藤を抱いたり、「この人は、制度の趣旨からは逸脱しているけれど、申請書類を揃えているから認めざるを得ない。」という忸怩たる思いを持ったりしたことがあるかもしれない。

　公職選挙法58条における「2項書き起こしパターン」のように詳細に要件を規定すればするほど、制度の目的を達成するに当たっての窓口での複雑な思いは増幅する。

　また、一般的には、「目的・趣旨には合うが、要件を満たさない。」パターンの人は社会的な弱者が多いと思われる。レアな状況に囲まれているので、根拠規程の制定段階において、真の弱者は、その存在を発見されにくいのだ。

　一方で、「目的・趣旨は逸脱しているが、要件は要領よく満たしている。」パターンは、恵まれた環境に置かれた人が多いだろう。得られる情報量が豊富で、意図的に制度の対象となる状況を自力で（あるいは、普段、力を貸している人の力を今度は借りて）作り出せるからだ。

　「2項書き起こしパターン」の規定は、社会的に弱い立場の人に仇をなし、恵まれた人の立場をより強くするしくみと構造を備えているといえなくもない。「予測できなかった事態」や「正しい例外」を許容しないからだ。

　目的の達成手段として、法の規定（要件と効果）を理解することは、最終的には、弱い立場にいる住民の権利を守ることにつながる。

III

論理ではなく法的に考える

1 法令における「努力義務」の意味

■ _Episode_ 　条例案の審査

　X市の環境課のAさんと法制担当のB君との会話です。

　Aさんは、条例案の審査をB君に依頼しています。Aさんは、

①この際だから、法務の勉強をしておこうという純粋な気持ち

②早く審査を済ませるために、B君をおだてて機嫌をとっておこうという下心

の二つを持っています。

環境課Aさん：「法律や条例で『努めなければならない。』という規定がありますが、どういう意味ですか？　私、ずっと分からないままなんです。

　　　いつか、法律に詳しい人に出会ったら、絶対、聞いてみたかったんです。Bさんに条例案の審査をしていただくことになって、やっと、ずっと持っていた疑問を解決するチャンスに恵まれました。とってもうれしいです。」

法制担当B君：「『努めなければならない。』っていうのは、必ずその規定が指示している内容を達成しなければならないわけではないけれど、達成するように努力しなさい、という意味だよ。「努力する義務」、つまり、『努力義務』なんだ。よく覚えておいてね。

　　　『努めなければならない。』だから義務ではないって、言う人がいるけど、そうじゃないんだ。『努力する義務』はあるんだよ。そこが分かっていないんだな〜原課の人は。だから、ぼくも、苦労するんだよ。」

環境課Aさん：「勉強になります。Bさんも大変ですね。でも、私の質問にすぐに答えるなんて、私、Bさんを尊敬します（議案ができるまでは。）。」

法的なものの考え方

　X市喫煙の防止に関する条例3条1項に、「努めなければならない。＝努力義務」という、法制担当であるB君の得意げな説明を当てはめた場合、正しい解釈につながるだろうか。

X市喫煙の防止に関する条例

（公共の場所における喫煙の禁止等）

第３条　何人も、公共の場所においては、喫煙をしないよう<u>努めなければならな</u><u>い。</u>

2　前項に定めるもののほか、迷惑行為防止重点地区内の公共の場所においては、所定の場所を除き、何人も、喫煙をしてはならない。

1　条文の論理と解釈

法律や条例は社会のルール、決め事である。だから、Ｂ君の説明が論理的に正しいかどうかだけを確認したのでは不十分だ。

それに加えて、Ｂ君の説明で、この条文が例規集から飛び出して、実際の社会の中で、法として有効な役割を果たせるかどうか、つまり、規範性の有無という観点から判断しなければならない。

2　喫煙禁止条例における努力義務

Ｂ君の説明によれば、２項が「してはならない」という「義務」、１項が「努め」という「努力義務」であるということになる。

広辞苑によれば、「努力（どりょく）」とは、「目標を実現するために、心や身体を使って努めること」である。「努めること＝努力」であるとされているから、Ｂ君の説明は論理的には正しいようだ。

しかし、ここで、Ｂ君の説明がこの条文に規範性を与えることができるかどうか、つまり、ルールとして、実際にこのまちで役割を果たせるか、について駅前広場と通行人を想像しながらよく考えてみよう。

１項の「公共の場所でタバコを吸わないこと」について、「心と身体を使って努める。」とはどういうことだろうか。また、それが「吸ってはならない」という「義務」ではないということは、どういう意味を持つのだろうか。

例えば、大学入試に合格できる保証など誰にもない。また、入試に合格するための「努力」といえば、一生懸命、勉強することである。そこで、親は子に「合格しろ（義務）」ではなく（「合格しろ（義務）。」という表現をするかもし

れないが本当の意図は)、「合格するようにがんばって勉強しなさい！」と叱咤
し、命令する。

　このように、世間一般では、本人が、どのようにがんばっても確実に達成で
きるという保証がない事柄について、それを達成するための具体的な行動を指
して「努力」と呼んでいる。

　聞きたくないだろうが、分かりやすいと思うので、ダイエットで、再度、説
明する。「体重を３キロ減らす。」ことは努力の対象である。自分の行動だけで
は達成できるとは限らないからだ。

　むしろ、うまくいかないことのほうが多いようだ。そうだろう。確かにそう
だと思わないか。そうに、違いないはずだ。数日間、何も食べなくても、全く
痩せない場合があることを、経験している人もいるだろう。

　一方で、この条例の駅前でタバコを吸う吸わないは、単に意思（心の動かし
方）一つで、達成できる事柄だ。自己完結的な行為である。そこに受験勉強や
ダイエットのような具体的な行動を伴う「本当の意味での（法的な意味での）
努力」など介在する余地はない。

　吸わなければよいだけのことである。そこには、自分の意思以外に何の障害
もないはずだ。駅前でたばこを吸わないことを実現できない（吸ってしまった）
ということは、そもそも禁煙自体がそうであるが、単に意思が弱いだけだ。

③　言葉遊び（論理）と解釈との違い

　だから、Ｘさんの説明では、３条１項の意味は、単に「吸おう！」とタバコ
に火をつけるのではなく、「条例があるから、この場所で吸っちゃいけないよな。
でも吸いたいな。吸おうかな？　吸うのを止めようかな？」と悶々としながら、
震える手で火をつけてタバコを吸え、ということになってしまう。しかし、そ
れを世間一般の常識で「努力」と呼ぶだろうか。

　仮にそうだとして、条例の目的を達成するうえで、行動には現れない精神作
用（悶々とする。）を義務化することに、一体、何の意味があるのだろうか。

　また、罰則規定がなくても義務である限りは、履行したか、あるいは、不履
行なのかを客観的に判断できなければならないが、努力義務を果たしたかどう
か（悶々したかどうか）を判断することは極めて困難だろう。「悶々判定士」

　という資格が必要なくらい難しい事柄だ。

　さらに、それ以前の問題として、人の行動ではない心の動き（思いや考え）
を法でコントロールすることはできない。それは、憲法違反だ。

　この手の議論においては、「駅前を通る予定があるときは、タバコとライター
を持ち歩かないとか、持っている場合はなるべく駅前を通らないとか、そうい
う努力（行動）も考えられるではないか！」的な反論をする人が必ず現れる。

　しかし、それは、言葉や論理の遊びであり、解釈ではない。いわば、空想だ。
実際にそんな行動を期待できるだろうか。また、普通の人の感覚でこの条文を
見てそのような「努力」を思いつくだろうか。論理性を備えていても、規範性
のない解釈には意味がない。

　このような意見については、論理的な説明（再反論）は、およそ不可能だ。
じっと目を見つめて、間を置いて、彼自身が自分の言っていることの「おかし
さ」に気づくのを期待するしかない。

　法とは社会のルールである。もちろん、条例も法である。地域の法律だ。

　法としての価値とは、イメージとしては、その内容がポスターなどで街中に

掲示された場合に「おかしくないか。」、「効果があるか。」、「賛同を得られるか。」、さらには、条例であれば、訪れた人が「変なまちに来てしまったな、と思わないかどうか。」などが目安になる。

「街に出かけるときは、ライターを家においていきましょう！」という電光掲示が駅舎の正面に出されたり、庁舎の壁に「ライターを持って歩かない宣言都市○○市」という横断幕が掲げられたりしたときに、どんな感じになるのか想像してみることが必要である。

訪れた人に、ステーションホテルから一歩も外には出たくない、歩き回ると、なんとなく嫌なことが起こりそうだと思わせてしまったら、せっかくの大河ドラマとタイアップした、1年限りの観光事業も台無しになってしまう。

4 「努めなければならない。」は表現

先の「駅前ではタバコとライターを持ち歩かない。」的な反論者は、その場の議論に夢中になっているのだろう。勝気な人物が想像される。みんなが何を目的として議論しているのか、要するに、これは「しごと」なのだという職業的な自覚がないのかもしれない。

路上喫煙禁止条例の「努めなければならない。」は、義務付けをするほどではない事柄について、「義務未満ですが、なるべくそうしてくださいな。」を「努めなければならない。」という言葉で表現しているにすぎない。「なるべくそうして」に相当する法的なものの言い方なのである。

5 「努めなければならない。」の法的な意味

「努めなければならない（以下、「努め」ともいう。）。」の法的な意味について、別のよくあるパターンの条例で検討してみる。

新たな飼い主を見つけることは、本人の努力だけでは達成できる保証がない事柄であり、具体的な行動を伴うものなので、路上喫煙禁止条例の場合とは違って、これこそは、「努力（する）義務」を意味する規定のように思える。

C市動物の愛護及び管理に関する条例

（飼い主の責務）

第４条　動物の所有者は、やむを得ずその所有する動物を飼養することが困難となった場合は、適正に飼養できる新たな飼い主を見つけるよう努めなければならない。

しかし、これも「努力義務」ではない。

「義務」であれば、努力したかどうかが判定できなければならない。「見つける努力をする義務」とは何を指すのか。

家の塀に「犬譲ります。」と都合のよい張り紙をしただけでよいのか、動物愛護センターに依頼すればよいのか、貰ってくれるように頼むとして何人くらいにお願いすればよいのか、義務として要求されている努力の内容が明確ではない。具体的に何をすればよいのかは、「努め」から導き出せない。

結局、「努めなければならない。」という規定は、「努力義務」、つまり、「努力する義務」などではなく、住民にそうさせたいが、①義務付けするほどではない事項（例：公共の場所で喫煙しないこと）②義務付けすることが適当ではない事項（例：自治会、町内会へ加入すること）③義務付けが適当だが、本人の努力だけでは容易には達成できない事項(例：新たな飼い主を見つけること)について、「義務付けはしない（できない）が、そうすべきである。」という理念を示したものだと理解すべきである。

「努力」と「義務」とは、論理的には結合して、「努力義務」という熟語を形成することができるが、実質的（法的）には結びつかないのだ。

結論を言えば、「努めなければならない。」の規定があっても、法的には「何もしなくてよい。」ということだ。

「なるべくそうしてください。」、「なるべくそうしないでください。」という意味にとどまる。義務ではないのだから、そうしたかどうかの検証をする必要も理由もないし、すでに述べたように、それは不可能だ。

「努め＝努力義務」という解釈は、「努める」＋「なければならない。」という訓読みを、法的な意味を考えずにそのまま「努力義務」と音読みした結果にすぎないと評価すべきだろう。とうてい、解釈（した）とはいえない。

論理的にものを考えることができるということは、法解釈をする際には必要な能力である。しかし、論理性だけで実用性がない解釈（考え方）についての「おかしさ」に気づかないのでは、その能力を生かすことはできない。

⑥　「めんどうくさい人」の思考

　努力義務について、「努力する義務」だと理解して、そこから先へ進まない、つまり、「努力義務」の捉え方について疑問がわかない人（努力義務派）は、考えが足りないのではなく、考えが論理的な方向に偏っていて（論理的にしかものごとを考えず）、課題について、目的や意図から検討することが不足していると思われる。

　みなさんの職場には、通知文が出るたびに「私は、それはおかしいと思う。」「どうしてそうなるの。」、「そうとは限らない。」、「なぜ、今そうしなければならないの。」（きりがないのでこれくらいにしておく。）と周囲に意見し、上司に反発するという行動様式を持っている人、いわゆる「めんどうくさい人」がいると思う。

　今いなくても、一緒にしごとをしたことがあると思う。今いなくて、一緒にしごとをしたことがなくても、きっとこれから、どこかで一緒になると思う。だから、これから私が言うことを聞いておいてほしい。

　彼らが、通知にデリケートに反応する理由は、おそらく一つだ。通知には、論理や理屈（客観）ではない、自分以外の誰かの「意図」や「目的」（主観）が含まれているからだ（そうでないと通知を出す意味がない。）。

　その目的が何であれ、「こうも読めるではないか？」、「そうは読めないではないか？」と言葉や文脈を、任意に切り取っては反発をする。人に従うのがいやというかそういう自分が許せない、誰かの言いなりになるのがとにかくいやなのだ。

　原因は、本当の愛情を受けた経験か、社会的に認められた体験のどちらも持たないことにあると私は思う。要するに、「人が許せない（人を受け入れるということができない）。」のだ。

　根本的な特徴として自己認識がない。普通の感性を持った人であれば、自分がある事柄について答えを出せる能力など、とうていないのだという自己認識

（自覚）を持っている。だから、法律や条例や組織の方針に従う。従う中で、一定の役割を果たし、そのことで自己を達成する。

　映画の主役を狙うのではなく、ケータリングでも道具係でもよいから、映画作成に当たって客観的に自分が担えると考えられる役割を引き受け、試写会の最後で、エンドロールの中に小さな自分の名前を見つけ、「やった！」とつぶやくのが健全な自治体職員のありようだ。

　「めんどうくさい人」は違う。結果（映画の出来不出来。興行収入の多寡）は眼中にない。とにかく自分の考えを実現すること（主役になること）に夢中になる。

　だから、理屈（誰の顔も見えない事柄）であれば納得するが、他者の意図（誰かの顔が浮かぶ事柄）に従うことは許せない（「それが正しいとは限らないではないか!?」）のだ。

　法務においては、住民の代表である議会が決定した法律や条例の目的（価値観）を共有したうえで、その実現に当たって、条文をどのように解釈すべきであるかが課題となる。

　これは、自治体職員のしごとのあり方や存在意義そのものに通じる事柄でもある。法を学ぶことによって、「自治体職員は、自らの価値観や自らが設定した目的でしごとをすることはできない。目的は法律や条例によって与えられる。目的は所与である。」という当たり前のことを自覚することができるはずだ。

　めんどうくさい人（努力義務派）の存在は、法をはじめとしたルールの運用とは、つくり手と受け手とがその目的を共有したうえで行う共同作業なのだということをネガティブに証明している。

　「目的を共有できない理論派」（めんどうくさい人）は、条文を読むことはできても、住民のために法を解釈し、法を活かすことはできない。

7　「若葉のころ」

　もう、メンバーの３分の２は亡くなったが、「ビージーズ」というイギリスのロックグループがいた。「サタデーナイトフィーバー」という映画の挿入歌などで世界的に有名だ。

　彼らに「First Of May」という曲がある。歌詞の内容は、（当然だが）英語で、

幼いころの淡い恋の思い出を歌ったものだ。かなり前に、日本のテレビドラマの主題歌にもなった。

　この曲には、なるべくたくさんの人に聞いてもらおうという目的のために、「若葉のころ」という邦題がつけられている。

　さすがだなと思わせるセンスである。原題の意味を踏まえつつ、歌詞の内容をイメージ的に伝えている。いわゆる「意訳」と呼ばれるしごとの成果だ。

　この「若葉のころ」の成り立ちを用いて、目的を共有できないめんどうくさい職員（以下「め職員」）の人たちを、ここで再現してみよう。

課長：「『First Of May』を訳してくれないか？」

め職員Ａ：「（怪訝そうに、面倒くさそうに、そんなことくらい自分でやったらどうだ、そんなことも分からないのか、私は忙しいのだという感じで、投げやりに。）『５月１日』ですよ。」

課長：「（丁重に、気を使いながら。）いい曲だから、たくさんの市民のみなさんに聞いてもらうことが目的なんだ。「５月１日」では市民の関心が引けないだろう。シュールすぎるよ。もう少し、目的と内容を踏まえて、タイトルを工夫してみてくれないか？」

め職員Ａ：「『First』は『一番最初』で、『May』は『５月』だから、『５月１日』でしょう！　ほかに、どう訳せるというのですか！　じゃあ、課長は『May』は６月だというのですか？　それとも、７月ですか？　８月ですか？　９月ですか！　５月でしょう!!　私のどこが間違っているのですか!!!」

（この間、一定の「経緯」があって）「若葉のころ」に決定。

め職員Ａ：「どこをどう訳せば、「若葉」になるの？　訳が分からないわ!」

め職員Ｂ（Ａさんと同じ傾向を持つ。いつも、Ａさんと同調しているが、決して、Ａさんの味方ではない。いわゆる「敵の敵」）：「そもそも若葉が５月とは限らないわよね。今年は異常気象だったし。」

め職員Ａ：「さすがＢさん。鋭い的確な指摘ね。（さすがの私も）そこには気づかなかったわ。」

め職員Ｃ（課の中でもっとも「その」傾向が強い。全庁的著名人）：「私もおかしいと思うわ！　それに、北海道と沖縄では、若葉の時季は違うわよね！　一概に若葉のころが何月だとかは、誰にもいえないわよね。」

め職員Ｂ：「そうそう、そのとおり。金沢と静岡でもだいぶ違うわよ。」

め職員Ａ：「秋田と仙台でも違うわよね。」

「努めなければならない」→「『ならない』は義務を意味する」→「努力義務」→「納得」という思考回路は、自治体職員として、また法に携わる者として改めなければならない。めんどうくさい心がその背景にあるのなら、それも一緒に。その意味において、「若葉のころ」は、とても法的だ。

法務において、論理や理屈は、それだけでは、自分自身を満足させ相手を黙らせる（再反論を封じる、あるいは、呆れさせる）材料にはなっても、他者を納得させ、法を社会に役立てる道具にはなり得ない。

法務能力を身につけて、法に明るくなって、法を正しく解釈して、「努力義務」ではなく、「若葉のころ」のような社会の役に立つしごとができるとよいなと思う。

それを阻むのは「めんどうくさい心」である。

理屈屋さんに言いたい。そろそろ、強がりは止めて、自分が「気の利いたこと」を言えない存在であることに素直に向き合ってはどうだろうか。そして、聞いてみたい。みんなが「それいいね！」と称賛することやみんなが大笑いするような冗談を定期的に思いつく才能があったとしても、あなたはそのいつもの理屈のほうを口にするのかと。

早いとこ、気の利いたことを言える人の下働きを引き受けてはどうか。それは、決して屈辱ではない。そこが本来の居場所なのだ。たとえば、高校入試の時の成功は、そろそろアルバムの中にしまってはどうかと思う。

IV

契約ではできないことを実現する

1 配分的正義の実現

　毎年、4月や10月には新規採用職員がみなさんの職場に配属されていると思います。

　いずれも、A市の総務課で新規採用職員の指導係となったX先輩の言葉です。契約事務について指導しています。

X先輩：「○○万円以下は契約書はいらないからね。よく覚えておいてね。3回しか言わないよ。」

X先輩：「また、聞くの？　○○万円以下って、もう2回も教えたはずだよ。あと1回だよ。」

X先輩：「だめだなあ〜『○○万円までは契約書不要』って、付箋に書いて机に挟んでおかないから、こういうことになるんだ。」

X先輩：「えっ!?　どうして、○○万円なのかって？　規則か何かにそう書いているからだよ。」

X先輩：「どの規則ですかって？　いいじゃないか、どの規則でも。」

X先輩：「どうしても知りたいって？　もーう、うるさいなあ。うちの市の規則だよ。となりのM市のじゃないし、東京都のでもない。分かった?」

X先輩：「何!?　自分で、根拠の規則を調べたい!?　この忙しいのに？　そんなことを言う新採は初めてだ。規則とか条例とかは課長以上が見るものなんだ。ぼくらにはあんまり関係ないよ。変なことが書いているかもしれないよ。15年くらい前、規則を見てしまった新採が、その日の帰りに交通事故に遭ったそうだよ。見ないほうがいいよ。」

　このように、結論だけを覚え込ませるような教え方は、あまり良くはありません（端的に、良くありません）。契約のしくみを理解してもらえるようにしないといけませんね。

　「本来、契約の締結に契約書は要らない。でも、自治体の契約は公金の支出だから、本市では、財務規則で原則として契約書を作成しなければならないこ

とにしている。そのうえで、事務の効率化のため○○万円以下の契約について
は契約書を省略できる。」というように。

　契約制度のしくみについて、分かりやすく説明できる先輩になるよう心がけ
たいですね。「○○万円」という数字だけを代々伝えていくような組織風土が
あるとすれば、変えていかなければなりません。

法的なものの考え方

　契約事務を適切に行うためには、民法、地方自治法、財務規則などの規定だ
けではなく、「契約が社会において果たしている役割」、そして、「法律との関係」
についての理解が必要だ。

1 契約のしくみ

　成人式や20歳の集いで新成人のみなさんを彩る着物の売買契約を例にして、
契約について説明する。

　成人式に向けて、着物屋さんは振袖を売って、利益を得たいという希望を持っ
ている。かき入れ時だ。一方で、成人式を控えた若者やその親は晴着が欲しい
（買いたい）という希望を持っている。

　このような、「欲しいなあ。」、「したいなあ。」という望みのことを「利益」
という。利益とは、「したいこと」、「欲しいもの」のことだ。

　この利益は、着物と代金との交換を約束することによって実現する。この約
束が契約である。契約によって自分の利益は権利として保障され、また、相手
方の利益は義務として保障しなければならないことになる。

　契約とは利益（希望）を権利と義務（現実）に変えるためのしくみなのだ。

2 契約と交換的正義

　「法」とは、権利と義務を発生させる規範を指す。契約によっても権利や義
務が発生する。法といえば通常は法律や条例などをイメージするが、契約も法
なのである。

　あらゆる法は、それぞれに社会において正しいこと（正義）を実現するとい

う目的を持っている。契約が目的としているのは、権利や義務は他人に強制されるのではなく、当事者が自分で決めるという正義だ。

これを「交換的正義」と呼ぶこともある。

③ 権利義務の主体としての人

契約によって利益（したいなあ・欲しいなあ）を権利（できる・手に入る）に代えることで人は生活していく。

権利は、自ずと実現されるのではなく、誰かがその権利を実現するための負担を約束してくれることによって実現できる。その負担が「義務」だ。

売買契約がその典型であるように、契約の当事者の間で、権利と義務は交換という形で実現されるのである。

明日、どんなことが権利として保障されているか、また、義務として実行しなければならないかがはっきりしていなければ、人として何もできない。

だから、法の世界では、権利と義務を負うことができる存在を「人」であるのだと観念（あえて、そのように考える）する。

法的な意味での「人」とは、実体（目に見える存在）ではなく、「権利と義務のかたまり」なのである。

④ 民間における契約手続

契約には決まった手続きや様式は存在しない（民法521条、522条）。当事者の意思表示、例えば、「この値段なら売ります。」、「はい、買います。」で成立する。

では、なぜ、契約書を作成しているのだろうか。それは、「確かにこの条件だった！」、「いや、そんなことは約束していない！」のトラブルの発生を避けるためだ。

だから、家や車の売買などの金額が大きな契約には契約書が必要とされているのである。契約書は、あくまで証拠保全や確認のためであり、契約書の作成や押印は契約を成立させる効力要件ではない。

> 民法
>
> （契約の締結及び内容の自由）
>
> 第521条　何人も、法令に特別の定めがある場合を除き、契約をするかどうかを自由に決定することができる。
>
> 2　契約の当事者は、法令の制限内において、契約の内容を自由に決定することができる。
>
> （契約の成立と方式）
>
> 第522条　契約は、契約の内容を示してその締結を申し入れる意思表示（以下「申込み」という。）に対して相手方が承諾をしたときに成立する。
>
> 2　契約の成立には、法令に特別の定めがある場合を除き、書面の作成その他の方式を具備することを要しない。

5　自治体における契約手続

　自治体の契約については、どの自治体においても規則（契約規則、財務規則など）によって、契約書の作成が義務付けられている。

　そのうえで、すべての契約について契約書を作成していたのでは事務が非効率になるので、規則で定める一定金額以下の契約については契約書を省略できることとなっている。

　契約書を作成する場合は、長（公営企業の場合は企業管理者）の押印がなければ成立しない。民間における契約とは異なる（地方自治法234条5項）。

> 地方自治法（一部略）
>
> （契約の締結）
>
> 第234条
>
> 5　普通地方公共団体が契約につき契約書を作成する場合においては、当該普通地方公共団体の長又はその委任を受けた者が契約の相手方とともに、契約書に記名押印しなければ、当該契約は、確定しないものとする。

K市契約規則

　（契約の締結）

第20条　落札の決定通知を受けた者又は随意契約の相手方(以下「契約者」という。)は、落札の決定通知を受けたとき又は随意契約の相手方となったことを知ったときは、5日以内に契約書に記名押印しなければならない。

　（契約書作成の省略）

第21条　次の各号の一に該当する場合は、契約書の作成を省略することができる。

　(1) 契約金額が30万円以下のとき。

　(2) 官公署と契約するとき。

　(3) せり売りに付するとき。

　(4) 災害等で緊急を要するとき。

　2　契約書の作成を省略する場合で前項第1号に該当するときは、請書又は見積書を、同項第2号又は第6号に該当するときは、公文書その他適当な文書を徴するものとする。

⑥　民法による矯正的正義の実現

　契約どおり、つまり、当時者の約束どおりに互いの権利義務が実現すれば問題はない。しかし、契約で決めていない事項について主張が対立した場合は困る。そんなときは、民法という法律の出番となる。

　着物の引渡し時期を1月8日と決めていたものの、代金の支払時期は決めていなかったとする。着物屋さんは着物と引き換えに代金を支払うことを主張するだろう。

　一方で、親は6月のボーナスで支払うことを望む。契約で定めていないし、合意しないので解決しない。そこに、民法が適用されることになる。

民法

　（代金の支払期限）

第573条　売買の目的物に引渡しについて期限があるときは、代金の支払いについても同一の期限を附したものと推定する。

　ここで、大切なのは、契約において代金の支払期日を決定していなかったので、民法573条の役割が発生したのだということだ。

　仮に契約で「6月30日の支払い」と決めていれば、1月8日ではなく6月30日が支払期日になる。民法573条は適用されない。地方税法における法定納期限も債務（人に対する義務。金銭の支払義務など）の履行期限だが両者は全く意味が違う。

　「契約書をよく読みましょう。」との呼びかけが消費者になされるが、それは、契約した内容について事後に主観的な不利益に気づいても、民法という法律で修正する（「民法に反しているからおかしい！」）ことはできないからだ。

　民法は、原則的には契約を補完するための法律だと考えてほしい。自治体職員がしごとで使っている○○法や××条例（行政法）とはその内容以前に、法としての役割が根本的に異なる。

　民法は契約当事者の仲裁役にすぎず、行政法とは違って自ら権利義務の内容を一次的に決定する役割を持っているわけではない。

　このような契約を補完・修正する役割を持っている民法という法律が社会において目指している正義を、「矯正的正義」と呼ぶことがある。

７　自治体における契約書の意味

　自治体において業者と契約を締結する際には、民法どおりの内容については、あえて規定する必要はない。契約書に記載がない事項については、民法が適用されるからだ。

　ただし、重要な事項については民法と同じであっても確認のために記載する意味はあるし、実務上もそのようにされている。

　民法と異なる内容を合意する場合、例えば、引渡しの時以外に支払いを行う場合などには、その旨を契約書に書き込むことになる。

　その際には、「民法○○条にかかわらず」などというくだりは当然、無用だ。契約の当事者で決めるべきことを当事者の合意で定めたにすぎず、法律の例外を定めているわけではないからだ。

　一方で、やはり民法の規定は契約一般における「世間相場」ではある。その

意味で、みなさんの自治体の標準契約書（契約マニュアル）について、民法どおりの内容を確認的に規定したものなのか、あるいは、自治体の方針として民法とは異なる内容を規定したものなのか確認してみてほしい。

8 「法人」の意味

　権利義務の主体、権利や義務を持つことができる存在は人だけだ。法的な意味での「人」には、人間と法人とがある。法人には、人間のような実体はないのだが、法律の根拠によって団体などが権利義務の主体となることを認められている。

　自治体も法人、つまり、法の世界では「人」なのだ。根拠は地方自治法にある（2条1項）。

地方自治法
第2条　地方公共団体は、法人とする。

　あっさりしている。では、法人のしくみについて考えてみる。

　個人経営の商店の場合、経営者であるAさんが店の看板に「X商店」と掲げて商売をしていても、それは、屋号でありX商店が法人であることを意味するものではない。

　X商店とは物理的な空間にすぎず、そこで繰り広げられる契約はすべてAさんが権利義務の主体になる。もうけも損失もX商店ではなくAさんのものだ。そもそもX商店という法的な意味での「人」は存在しないのだから、当然の帰結である。

　その後、Aさんが「X商店株式会社」を設立すれば、個人経営のX商店のときと同じように経営判断は（会社設立後は代表者の）Aさんが行うものの、経営に伴う権利や義務はAさんではなくX商店株式会社に帰属することになる。

　Aさんは経営において、権利義務の主体から権限の主体に変わったことになる。自らの利益のためではなく、建前としてはX商店（株）という法人のために働く（権限を行使する）ことになるのである。

　Aさんの資産とX商店（株）の資産とは分離される。X商店（株）の資金で、自己が使用するための家や自動車を購入することはできない。反対に、X商

（株）が多大な損失を発生させても、Aさんの財産が損なわれることはない。X商店（株）の債務はAさんの債務ではないのだから。

9 契約書における名義の意味

法人の契約書には、法人名と代表者名あるいは契約権限を持っている者の名前が表示される。自治体の契約書についても、「〇〇市代表者〇〇市長××××」と記載される。

これは、契約の当事者は〇〇市であるところ、法人は自ら意思表示ができないので、〇〇市に代わって市長が契約内容について合意するという意味である。契約するかしないかの判断は市長が行うが、契約の結果、得られる権利（ものの所有権やサービスを受ける資格）と対価の支払い義務は〇〇市に帰属する。

その意味で、市長は代表者というよりも自治体という「人」の代理人であると考えたほうが分かりやすいかもしれない。〇〇市は「権利義務」の主体（持ち主）、市長は「権限」の主体であることになる。

なお、自治体における契約締結の権限は長と公営企業の管理者だけが持っている（地方自治法149条2号、地方公営企業法9条8号）。よって、教育委員会や選挙管理委員会などの事務において必要な契約も長が締結することになる。

10 行政法の役割～配分的正義の実現～

契約で自由に自らの権利義務を決定し（交換的正義）、トラブルが発生すれば民法が補完する（矯正的正義）。これで社会がすべてうまくいく（すべての正義が実現する）かといえばそうではない。

そもそも、貧困、病気、環境の悪化などで契約による交換的正義の実現に加わることができない状態にある人たちもいる。彼らを交換（契約）ができる地位まで引き上げなければならない。

そこで、生活保護や健康保険などの法的なしくみを用意する必要がある。そして、それらの制度の原資を確保するためには税を徴収しなければならない。

しかし、着物の売買契約とは違って自らの直接の利益とはならない税の負担に住民が応じ、収入の一定割合を自治体に寄附する契約を結ぶことは期待できない。「交換」ではないからだ。

一方で、誰もがいつかは、交換的正義ではない正義の実現による権利の獲得に頼らざるを得ないことが想定されるし、実際に、そうなっている。

　家族が重い病気を患って長期の入院をした経験や子どもを学校や保育所に通わせた経験は誰にでもあると思う。仮に、治療や就学の費用がすべて自己負担であったとしたら、私たちの現在はない。

　私たちが生活を維持しながら用意できる金額で、必要な医療や教育を提供してくれる（交換してくれる）相手方など存在しないからだ。よって、自らが義務を負担することは別として、総論としては税制度や福祉制度を設けることには誰もが賛成するはずだ。

　そこで、契約の代わりに、住民の代表である議会によって、負担や配分の基準となるさまざまな法律や条例（法令。すなわち「行政法」）を制定し、当事者の契約（合意）ではなく、法令の要件に基づく行政処分（自治体の一方的な意思）で住民の権利や義務を発生させるのである。交換的正義では実現できな

い正義（本当の正義）の実現である。これを「配分的正義」という。

　毎年のように、その内容を変えて発生する成人式でのトラブルやその後の善意による美談を、そもそも晴着を用意できる環境にない18歳や19歳や20歳の若者はどのような思いで眺めてきたのだろうか。

　自治体職員として、その役割である配分的正義の実現という観点から考えてみる価値はある。それは、業者の契約違反によって晴着が届かなかった若者たちに、代わりをどのようにして調達してあげるかという問題よりも真に法的な課題なのだ。

　その法的な課題は、弁護士も裁判官も決して、解決しようとはしない。解決できるはずもない。

🔢　「3つの正義」と自治体の役割

　契約は「交換的正義」、民法は「矯正的正義」、そして、行政法は「配分的正義」を目指している。このうち、行政法による配分的正義を実現するのが自治体職員の役割だ。

　県庁や市役所の入口に、「○○県（市）庁」という看板や石碑を見たことがあると思う。

　「庁」は権力的な堅苦しいイメージを住民に与えているだろう。直接的には、「庁」は、「法令に基づく行政処分を行う機関」という意味だ。

　でも、本当は、弱い立場にある人たちを配分的正義の実現によって助ける場所、という意味を持っているはずなのだ。

　弁護士事務所も裁判所も、お金ときっかけと、具体的な相手方（敵）を持っている人しかそこには入れないし、入る意味がない。でも、庁舎は違う。そうではない。

　そのことが、住民に伝わるような「庁舎」にしたい。

V

関係性ではなく立場で人を評価する

1　人を立場で評価する

道の駅の指定管理者

　X町は、農産物・特産品の直売所「泥縄の里」を開設しました。

　県外からの客も含め、連日多くの来場者で賑わっており、売り上げも県内で一番です。

　特に、地元の生産者団体Aの組合員が７年の歳月をかけて研究・開発した「餡なしおはぎ」は、全く味がしないが低カロリーでよい、と大評判です。

　発売当初は、お客さんから、「おにぎりとどこが違うのだ！」と激しい苦情を受けることもしばしばでした。

　しかし、丁寧に趣旨を説明することを繰り返すうち、一定の理解を得られるようになりました。直売所の従業員は、この餡なしおはぎの開発・販売に携わることによって、「（この人たちに）（何を）言ってもしかたがない。」と相手に思わせることが、しごとを円滑に進めるうえでは、とても効果があるのだという貴重な経験を得ることができたようです。

　今でも、うっかり、和菓子のコーナーではなく、お弁当のコーナーに置かれてしまうこともあります。それでも、X町の名物になり、マスコミからの取材申込みも年に数件あります。

　「グルメリポーター潰し」の異名をとっており、地元テレビ局では、このおはぎをおいしそうに取材することが、新人アナの登竜門であるとまでいわれています。

　消費者の健康志向を的確に捉えた戦略が成功したようですね。こんな時代でも苦労は必ず報われるのです。心温まる良いお話ですね。「私もがんばろう！」、「ぼくだって、いつかは…。」という勇気が湧いてきますよね。

　さて。直売所の管理は、X町から委託を受けたA組合が指定管理者として行っており、販売ブースは、A組合自身とA組合に加入している地元の農家や食品製造業者が、ほぼ独占的に利用しています。A組合やA組合のメンバーは、直売所の利用に際して、使用許可の申請も使用料の支払いも行っていません。

法的なものの考え方

　では、この道の駅の管理について、いくつかクイズを出すので、考えてみてほしい。

■　指定管理者の立場

Q1　指定管理者であるＡ組合が、直売所を自らが利用するときには、直売所の使用申請を行う必要があるか。

①本来は、使用許可の手続きが必要。現状は違法。

②指定管理者（管理者）なのだから、許可手続は必要ない。今のままでよい。

　　　　　　　　　　　　　　　　　　　　　　　　　　　　正解は①。

　法律問題を検討するに当たっては、登場人物の法的な立場とその間の法律関係をしっかりと理解しなければならない。この直売所の登場人物は、次のとおりである。

・直売所の設置者であるＸ町

・Ｘ町に管理を委託された指定管理者Ａ

・直売所の利用者Ａ

　Ａは公の施設の管理者(指定管理者)として、Ｘ町に代わって直売所の管理を行う立場にある。具体的には、Ｘ町長が行使していた直売所の利用者を決定する権限を代わりに行う。

　手続きとしては、Ａ団体がＸ町から指定管理者の指定を受けることによって、使用許可の権限が、Ｘ町長からＡの代表者に移ることになる。

　管理者であるＡは、利用者（住民）のために、公平平等に直売所を管理しなければならない。直売所を管理する権限だけを持った小さな執行機関になったと考えれば、そのあるべき立ち位置（＝法的な立場）が明確になるだろう。

　だから、管理者として、直売所で自分の利益を図ることはできない。シュールなおはぎなどを売って儲けたければ、管理者Ａではなく、ほかの利用者と同じように利用者Ａとしての手続きが必要となる。

　管理者Ａと利用者Ａとは、法的には、つまり、権利と義務の世界においては、全く別の人物であり、利用者Ａは管理者Ａに使用許可を申請しなければならな

いのだ。むしろ、A組合は管理者なのだから、一般の利用者に譲ることも、政策的な姿勢としては必要かもしれない。

　もちろん、A組合のメンバーもほかの利用者と同じように、使用許可の手続きがなければ利用できない。A組合のメンバーが一般の住民よりも、利用について優遇されているとしたら、それは、民間の施設においては「よくあること」で済まされ、さらには「そうあるべきこと」だと評価されるが、公の施設においては、あるまじき違法行為である。

　そもそも、この問題を理解するためには、自治体の長が持っている許可権限は、申請者としての自治体の長に対しても当然に行使されること、具体的に言えば、その事業を行う際の許可権限を持っている長であっても、自らが事業を行う際は許可が必要であり、自らが管理する公の施設を利用する際も使用許可を受ける必要があるということが理解できていなければならない。

　許可を行う町長と、事業を行ったり施設を使用したりする町長とは、法的には「別人」であり、後者の町長は、住民と全く同じ属性なのである。

Q2　**Aは、使用料を支払う必要があるか。**

①使用料を支払わなければならない。

②自分が管理者なのだから、使用料を支払う必要はない。

正解は①。

　Q1で検討したように、A組合が直売所で自己のために物販を行うには、利用者としての手続きを経なければならない。利用者Aは、使用料を支払う必要があることは当然だ。

Q3　**「餡なしおはぎ」の売り上げは誰のものになるか。**

①A組合

②X町

正解は②。

　当然、売り上げはA組合のものだと考えられる。ただし、それは、使用許可を受けていた場合の話である。この直売所の現状のように許可を受けていない場合、Aは利用者としておはぎを売ることはできない。

　管理者Aから使用許可を受けて、利用者としての法的地位を獲得していないからである。これが、住民であれば、違法な施設の利用となるが、A組合は、

この直売所において管理者としての法的地位を持っている。

　よって、おはぎの販売自体はできる。ただし、おはぎ販売は、利用者Aではなく、管理者Aが指定管理者の業務として行っていることになる。だから、売り上げは公金として全額X町に収めなければならない。

　多くの自治体で、直売所や道の駅などの管理を地元団体に指定管理委託（あるいは契約委託）している。その際、使用許可や使用料の納入がないまま、彼らに物販等の営利行為をしかも独占的に行わせている例が非常に多い。

　これでは、管理を委託しているのではなく、管理権限を濫用して自己の利用を図る「管利」を容認し、助長しているにすぎない。

　この点を指摘すると、「確かに法的には問違っているかもしれないが、地元団体も儲かっているし、町も施設の委託料を節減できている。政策としては有効じゃないか！」と反論される。

　しかし、本当にX町は委託料を節減できているのだろうか。次のクイズで考えてみてほしい。

Q4　X町は、委託料をA組合に支出する必要があるか。

　①ある

　②ない

正解は②。

　この直売所はA組合が独占利用している。つまり、直売所は、実質的に、A組合が住民や利用者のためではなく、自分のために管理していることになる。

　ならば、委託料を減らせるどころか、そもそも委託料を払う理由はない。自治体が委託料を払って委託するのは、本来、広く住民が平等に利用するための管理を委託する場合である。

　A組合が独占利用するためにAが管理することは、A組合の利用の一環であって、指定管理委託などで委託する管理ではない。A組合は実質的には管理者ではないのだ。

　例えば、アパートで自分が借りている部屋を自分のために管理している者（賃借人）を「管理人さん」とは呼ばないだろう。アパートが管理人だらけになってしまう。

　この直売所の現状は、アパートの賃借人が家賃をタダにしてもらったうえに、

管理費用まで大家さんからもらって、自分しか使わない自分の部屋を自分のために管理し、「管理人さん、いつもお疲れ様!」と感謝されているのと同じだ。

そんなアパートがあれば、私も住宅ローン(元金均等タイプ)を組まなかったに違いない。委託料を払うとしても来館者用の休憩室やトイレ部分の維持管理の費用に限るべきだ。

いくつかの公の施設で、「管利」が顕在化している。住民のための「管理」に戻さなければならない。そのためには、まず、公の施設に関わる者がそれぞれの「法的な立場」を理解・自覚し、それを全うする意思を持つことが大切である。

指定管理者には、「自分の社屋や店を使って事業を行っているのではなく、『公の施設の管理』を自治体に代わって行っているのであり、ほかの民間団体から仕事を請け負っているのではない。」ことを理解させなければならない。

指定管理者としての立場を理解させることが指定管理者制度の適切で効果的な運用における最も困難な課題となっている。

許可を受けた(カウンターの反対側に回って、住民と一緒に列の最後尾に並んで)「利用者」としての立場に立たない限り、指定管理者が、自らが管理する公の施設を使って、収益を得ることはできないのである。

2　法的な理解＝「立場で人を評価する。」

「管理者であるAと利用者であるAは別の法的存在である。」という理解、つまりは、社会において、「人は立場で評価され、立場に応じた法的責任を負う。」ことについての理解は、自治体職員として、常に持っておかなければならない。

ここで、やや唐突な質問がある。みなさんは、上司とうまくやっているだろうか。また、上司のことが好きだろうか。「そうではない。」人も少なくないかもしれない。

しかし、ここで学んだ「人は立場として社会や組織に存在している。」という理解を心にとめて、もう一度、係長の横顔を見てほしい。そうすれば、心がこのように動くはずだ。

○いやな係長だな。役所に行きたくないな。

○やさしくて、立派なうちの父とは全然違うな。

　　↓

○でも…うちの父にも部下がいるな。

○係長にも、お子さんがいる…。

　　↓

○ってことは、父も会社ではいやな係長で、係長も家ではやさしいお父さんか
　もしれないな。

　　↓

○そうか！　人って、社会においては「立場」で変わるんだな。

　　↓

○よし、午後からは、もう少しがんばろう！

　このようにうまく心が動くかどうかは分からないが、とにかく、社会におい
て人は「立場」だ。「○○さん」ではない。上司からの叱咤や指摘もその人の
属性ではなく、「立場」が言わせているのだ。言わなければならないのだ。そ
のことは、あらためて確認しよう。

「立場で判断する。立場で人を評価する。」ことは、法的なものの考え方の礎（いしずえ）だ。

職場には、自分に原因があることを認めようとしない、自分の提案が通らないと態度を急変させる、「私は、私が。」が口癖の自己認識がない職員が散見される。

彼らは、人の立場を理解しないという、心のクセを持っている。「私の立場」ではなく「私自身」を主張し、周りに受け入れてもらおうと懸命になるのだ。周りの人間にも、立場を捨てた生身の人であること（名札の肩書を消して名前だけを表示すること）を強要する。

自分の立場を自覚し、受け入れ、周りの人たちの立場を理解するためには、人として自立していなければならない。立場が分からない職員は、要するに大人になりきっていないのだ。

大人になっても特定の人に対して、コンプレックスを持ち続けている。ここでいうコンプレックスとは、劣等感ではなく、「無批判な子どもじみた尊敬（心）」を指す。両親、大学時代の恩師、かつて読んで感動した本（作家）、一方的にお世話になった人などを、相も変わらず尊敬し続け、精神的に従属している。

理由は単純だ。子どもだったから彼らに頼るしかなく、彼らが批評・批判の対象たり得なかった。見上げるしかなかった人をずっと、見上げ続けているのだろう。

職場の上司は親とは違う。ねだっても何か買ってくれるわけではないし、若くても20歳前後になってからの付き合いだから、自分もある程度大人になっているので、人としての欠点も見える。

そもそも、職業人同士として向き合っているのだから（家族のような運命共同体ではないのだから）、自分と利害が対立すれば自分の利益をある程度優先することは、上司の労働者の立場として、しかたのないことではないか。

法的な心を持って、立場で人を見る力を身につけよう。まずは、親や恩師を素直に自然に再評価してみよう。座右の書を読み直してみよう。

そこにある欠点や間違いや都合やわがままの存在を発見し、本当の大人として、彼らの実態を受け入れよう。そうすれば、職場の中にいる嫌いな人や苦手

な人への見方も変わる。

　その人の「立場」が分かるようになる。

　ひどい人、ダメな人を目にしたとき、無意識に自分に近しい人が思い浮かんだら、目をそらせたり、頭を振ったりするのではなく、勇気を持ってその二つを重ね合わせよう。

　「あの人がそんなことをするはずがない。」などと思わずに、客観的に受け入れよう。自分との距離の近さ、言い換えれば自分との関係性に囚われて、人を立場ではなく、「（私にとっての）〇〇さん」という見方でしか見ることができないのでは、自治体職員として、住民のために働くことは、とうていできない。

　お父さんは社会的には特に有能な人物ではなかったとか、お母さんは（職場のあの人と同じように）めんどくさい人だったとか、人として、女性としては、母と仲が悪かったために自分とも距離ができてしまっていた叔母（注：多くの場合は父方）のほうが素敵な人だったとか、もし、そうであるのなら、素直にそう思える人になろう。

　そして、尊敬を「恩」に変えよう。子どものころに尊敬していたような人でなかったことが明らかになったとしても、自分にはできないような苦労をして自分を育ててくれた（３杯目のおかわりを、決して拒否しなかった）ことは事実であるのだから。

　人に向き合い、その人について何かを考えようとしたときに、「立場」という視点を持つことが、法的なものの考え方と法的な行動につながる。上司や同僚などの職場の周りの人だけではなく、住民も法的な目で評価することができるはずだ。

　住民について、人物評価をするようなことは絶対にしてはいけない。これほど不遜なことはない。そんな資格は自治体職員にはない。私たち自治体職員は住民の「立場」と向き合っている。

　生活保護の受給者、税の減免を受けている人は、その人の属性ではない。その人がその時点で置かれている状況や立場である。「生活保護者」などという名前の住民はいない。

　だから、法的な保護や手当を受けている住民を心ない（法的でない）誹りから守るのも、自治体職員の重要な役割である。

「人を立場で評価して自分との距離の違いを克服する。」ことは、本当の自治体職員になるために、大切なことなのだ。

　法的な心とは、自分の周りの人たち、自分に親しい人たちや自分にとって大切な人たちを困らせることになっても、未だ会ったことのない、顔も知らない、自分と関係性を築くことは永遠にない、このまちのどこかで困っている人を助ける心意気だ。

VI

条文の意義を理解する

1　委託と補助との区別

■ *Episode*　地域行事への支援

❶　はじめに

　自治体は、自らが事業を行うだけではなく、事業を実施する能力や意欲を持っている団体に、事業の実施に必要な経費を負担したうえで、自治体が行うべき事業（実施されなければならない事業）の実施を依頼することがあります。

　この場合の事業の実施形態を、一般的には「委託」と呼びます。そして、自治体に代わって事業を実施する団体、つまり、受託（した）団体に対しては、自治体が「委託料」を支出することになります。

　また、自主的に事業を行っている団体に、経済的な支援をするという形でまちづくりに必要な事業（実施すべき大きな理由がある事業）の促進を図ることがあります。この場合は「補助」であり、自治体が必要に応じて「補助金」を支出することになります。

　このような「委託」や「補助」の法的な意味を理解せずに、委託料や補助金を支出している例も少なくありません。

❷　いかたこ祭り

　K市社会教育推進課の担当A君のところへ、山間部にあるZ地区の自治会長から要望がありました。

Z会長：「江戸時代からうちの地区に伝わる『いかたこ祭り』を、小学生と地域住民とで、この8月に10年ぶりに復活させたいと思う。

　　　50年ほど前までは、Z地区はいかとたこの水揚げ量が全国でも有数で、この祭りも、近郷近在からの参加者も含めてとても盛大だった。なぜ、こんな山奥に港があるのか、まだ小学生の私にはよく分からなかったが。

　　　とにかく、祭りができなくなって久しい。今年は、地域のみんなも祭りの復活に向けてとても張り切っている。

　　　ぜひ、市も実行委員会に加わって、経費の一部を援助してほしい。」

担当Ａ君：「ご要望は理解しました。課長に相談して、今月末までに結果をご
　　　連絡します。」
　Ｋ市では、社会教育活動の一環として地域住民と子どもとの交流を積極的に
図っています。Ａ君がＢ課長に相談したところ、次のような指示を受けました。
Ｂ課長：「今年度は委託料も補助金も、予算に余裕があるので、支出する方向
　　　で進めよう。『委託』と『補助』のどちらが、この祭りに関わる方法とし
　　　て適正か、君の健康のことも十分に考えながら、検討してくれ。」
　さて。Ａ君は、いかたこ祭り実行委員会に対して、「委託料」と「補助金」
のどちらを支出して支援するべきでしょうか。

法的なものの考え方

　この問題について、検討すべきポイントは二つ。一つは、「補助」と「委託」
との法的な違いについての理解。もう一つは、この祭りが行われるのが「８月」
だということである。

委託と補助との違い

　「委託」とは本来、自治体が行うべき事業の実施を依頼することを意味する。
「補助」とは自治体の事業ではないものの実施について、一定の公益目的から
援助を行うことを指す。
　「実際に行うのは自治体ではない。」という点では、委託も補助も実施形態と
しては同じである。
　しかし、一方で、両者は「本来は誰が行うべきか。」という事業の位置づけ
において、また、まちづくりにとって必要的な事業であるか、付加的な意味を
持つ事業にすぎないかにおいて違いがある。
　「いかたこ祭り」に対して補助金を交付するのであれば、祭りの実施は「地
域が自主的に行うもの」と位置づけられる。地域で実施できなくなった場合は、
そこで終わりとなる。
　委託料を支出するのなら、「Ｋ市が実施すべき事業を地域に依頼している。」
ことになる。地域で実施できなくなった場合は、実際にどうなるかの政治的・

政策的な判断はさておき、法的なものの考え方としては、本来的に事業を実施すべき存在であるＫ市が直接実施することとなる。

そして、ここからが、Ａ君にとって重要な事柄である。

補助の場合は、いかやたこの着ぐるみはＺ地区の倉庫にしばらくの間は眠ることになるが、委託の場合は、直営事業の担当者として、新たにＡ君が「いか」（ないしは「たこ」）の着ぐるみの中に入って、伝統芸能のいかたこ踊りを披露することになる（かもしれない）。

祭りは８月だ。酸欠で健康を著しく損ねる危険性がある。やはり、「委託」と「補助」との区別には、自治体職員として十分に気をつけたい。

② 補助金支出の根拠〜確認的な規定の存在（要件）〜

> 刑法
> 　（詐欺）
> 第246条　人を欺いて財物を交付させた者は、10年以下の懲役に処する。

「なぜ、ここで、突然、刑法の条文が出てくるのか？」と思うだろうが、ここでも、私なりの段取りがあるので、黙って話を聞いてほしい。

これは、人を欺いて財物を交付させた（詐欺をした）者は懲役、という規定である。詐欺罪に問われるかどうかの要件が、「人を欺いて財物を交付させた」と明確に、かつ、具体的に規定されている。

では、この条文の要件を除いてみる。

> 第246条　者は、10年以下の懲役に処する。

呼吸さえしていれば、無条件で服役、という規定になってしまう。両者は明らかに違う。この条文は、「人を欺いて財物を交付させた」がなければ機能しない。文理的な要件（条件）である「人を欺いて財物を交付させた」は、法的な意味でも要件としての機能を果たしている。

地方自治法

（寄附又は補助）

第232条の2　普通地方公共団体は、その公益上必要がある場合においては、寄附又は補助をすることができる。

　これは、自治体が補助金を支出することについての地方自治法の規定である。「公益上必要がある場合」が、要件であるとされているように見える。

（寄附又は補助）

第232条の2　普通地方公共団体は、寄附又は補助をすることができる。

　刑法246条と同じように、要件を除いてみた。さて、本当の条文とどう違うだろうか。もちろん、「公益上必要がある場合」が、なくなったのだから、文章としての国語的な意味は変わる。両者は論理的には別の意味を持つだろう。

　でも、ここで、聞いているのは、論理や理屈としての意味での「どう違うか。」ではない。「法的にどう違うか。」である。補助金に限らず、自治体が公益上の必要性がない、つまりは、まちづくりにとって何らの意味もないのに、公金を支出してよいはずもない。

　ということは、「公益上必要がある場合」は、刑法の詐欺罪や地方税法の税率や公の施設の許可の条件のような実質的な法的要件ではなく、規定するまでもない当然のことではあるが、大切なことなので、「ここでは確認的に規定しておこう。」という程度の意味を持っていると考えられる。

　また、自治体行政における補助金交付の必要性は多様である。刑罰のように具体的な規定はなじまない。「公益上必要がある場合」は、「人を欺いて財物を交付させた」のように具体的な基準として定められたものではない。

　法の条文も私たちが書く手紙やメールの文章と同じで、あえて書かなくても分かることは書かない場合もあるし、書くとしても当たり前のことを確認的に書く場合もあれば、判断が必要な事柄についての決定として書くこともある。

　さらには、文字ではいいつくせないので、あいまいな表現になることもある。だから、用語の意味だけではなく、そこにその用語があることの意義を理解することが必要となる。

❸ 補助金支出の根拠〜確認的な規定の存在（条文そのもの）〜

　では、さらに。そもそも、この232条の2の規定が地方自治法になかったら、自治体は補助金を交付することができるだろうか。「補助」も「委託」も、その内容に正当性があれば認められ、また、採るべき事業手法である。

　ということは、地方自治法232条の2自体が「確認的な規定」であり、同条があってもなくても、自治体は補助金の交付ができると考えられる。

❹ 究極の確認規定〜憲法〜

　ここで、日本国憲法（以下、「憲法」）を例に引く。憲法は、→法律→政令→省令→条例・規則という法の体系の頂点にあり、法律以下は憲法に反することができない。

　というより、憲法の内容を実現するために法律以下がある。どんな法令も条例や規則も、憲法のいずれかの規定を実現するために存在する。道路法も手数料条例も補助金交付規則も憲法につながっているのだ。

　憲法は、形式的に法体系の最上位にあるだけではない。この世の中で何よりも大切なことを規定している。つまり、すべての人が人であるために「当然」に保障されなければならない権利（基本的人権）を定めている。憲法は、その内容においても、法の頂点に君臨するにふさわしい。

　しかし、この点には疑問が生じる。何が基本的人権として憲法で保障されるのかは、憲法を制定する際に人為的に決定された、つまりは、法律以下と同じように、だれかの案について議会で合意したものであるはずだ。

　にもかかわらず、なぜ、憲法の基本的人権の各規定を、「当然」といえるのだろうか、という疑問である。

　そこで、仮定を置く。私やみなさんが、今から、新たな一つの国をつくろうとしている。その国においては、誰かがいじめられたり、病気や貧困に見舞われたりすることもあるだろう。では、その予想される事態に対して、あなたは、どういう態度を取るだろうか。

①放置する。何の対策も考えない。

②そのような事態に備えて、どんな人にも、人間らしく生きるために必要な権利（自由）が保障されるような国をつくろうと考える。

　私だったら、②を選ぶ。みなさんも、間違いなくそうだろう。そして、人らしく生きるための最低限度の権利や自由を保障するルールをつくり、そのルールを国で一番大切なルールにしよう！　と懸命にみんなに働きかけるに違いない。

　人らしく生きるための権利としては、「個人的にはどんな考えを持ってもよい。」「好きな職業を選べる。」、「家や財産を守れる。」、「病気で働けなくなった時にも一定水準の生活が保障される。」などが考えられる（ほかにもある）。

　そして、それらが、「内心の自由（19条）」、「職業選択の自由（22条）」、「財産権（29条）」、「生存権（25条）」として実際に憲法で保障されている。

　したがって、憲法の基本的人権の各規定は、誰もが、「当然！」と納得している（であろうと判断できる）事項が確認的に条文化されたものであるとみなすことができる。

　実際には、誰かの案を議会の議決（「手続き的な合意」）によって条文化したものであるが、仮に手続き的な合意がなかったとしても、すでに国民全体の「心の合意」を得ている、つまり、その内容は絶対的で、普遍的だと考えることができるのだ。これが「確認的な規定」という「法的なものの考え方」である。

　だから、「ねえ、知ってる？　憲法が改正されて、内心の自由がなくなるらしいわよ。」、「そうなの！　じゃあ、課長を嫌な人だと思っちゃいけないのね。私にできるかしら？」というようなことには絶対にならないのだ。

　仮に、憲法19条（の条文）が廃止されても、内心の自由は、ほかの条文の解釈などから、当然に保証される（されなければならない）。安心してほしい。

　ただし、憲法は、それぞれの基本的人権を保障するための具体的な内容までは規定しない。個別の政策については、「心の合意」を得ることは難しいからだ（例：生存権の具体化である生活保護の水準）。

　それは、議会における「手続き的合意」によって意見の対立に白黒をつけ、法律という形で決定していくしかない。

2 委託における法的な根拠

■ *Episode* 法的なパワハラ

🔲 はじめに

　X市では、公の施設の管理をはじめとして、さまざまな事務の民間委託を進めています。

　X市でアウトソーシングの中心的な役割を担っているのが、民間活力導入推進室です。昨年度までは、財政部に置かれた課相当の組織でしたが、今年度から独立した部に昇格しました。

　自治体において、執行機関がその部下である補助機関（副市長以下の職員）の組織を設けることは、執行機関自身の本来的な権限であると考えられます。確認的に根拠規定も置かれています（地方自治法158条）。

　しかし、長部局における一番大きな単位組織については、長の判断だけでは設置できません。執行機関の権限の範疇を超える自治体における重要事項だと評価されており、部設置条例や課設置条例など（自治体によって名称が違います。例：事務分掌条例）の改正、つまりは、議会の議決が必要です（地方自治法158条1項）。

　長以外の執行機関の組織にはこのような条例事項の規定はなく、例えば、教育委員会の事務局については、教育委員会の規則ですべて規定します（地方教育行政の組織及び運営に関する法律17条2項）。

　なお、公営企業の組織や市町村議会の事務局については、条例によることとされています（地方公営企業法14条、地方自治法138条）。

地方自治法（一部略）

第158条　普通地方公共団体の長は、その権限に属する事務を分掌させるため、必要な内部組織を設けることができる。この場合において、当該普通地方公共団体の長の直近下位の内部組織の設置及びその分掌する事務については、条例で定めるものとする。

　議会は、いわば住民総会ですから、民間活力導入推進室が部になったことは、間接的にではありますが、民間委託をいっそう推進すること自体は、とりあえず、X市の市民の総意になったともいえるでしょう。部になって、所属職員のモチベーションも、ますます高いようです。

2　委託の根拠

　民間活力導入推進室でのB室長と職員Aさんとの会話です。

B室長：「公の施設の管理の委託は、地方自治法の指定管理者制度が根拠だよね。たしか…地方自治法244条3項だったかな。」

Aさん：「惜しいですね、室長。あと一歩ですね。244条の2の3項です。」

地方自治法（一部略）

（公の施設の設置、管理及び廃止）

第244条の2　普通地方公共団体は、法律又はこれに基づく政令に特別の定めがあるものを除くほか、公の施設の設置及びその管理に関する事項は、条例でこれを定めなければならない。

3　普通地方公共団体は、公の施設の設置の目的を効果的に達成するため必要があると認めるときは、条例の定めるところにより、法人その他の団体であつて当該普通地方公共団体が指定するもの（以下本条及び第244条の4において「指定管理者」という。）に、当該公の施設の管理を行わせることができる。

B室長：「じゃあ、指定管理者制度を導入していない公の施設で、受付や清掃や警備を委託している根拠は何だろう。」

Aさん：「法律の根拠はないと思いますよ。指定管理者制度ができる前から、受付や清掃・警備なんかは、すでに業務委託契約で委託していますし。庁舎だって、清掃は委託していますが、法律の根拠があるって聞いたことはないですよ。」

B室長：「根拠がないってことはないだろう。自治体は法の根拠によってしごとをしているんだよ。研修でも習っただろう。」

Aさん：「この前、受講した基礎法務研修で、講師の森さんが、法律の根拠がないと委託できないしごとと、根拠がなくても委託できるしごとがあるっ

てお話ししていましたよ。私も納得できました。かなりいい人でした。」

B室長：「本当かな？昔、『森』という人に騙されて、植木鉢を5万円で買わさ
れたことがあるんだ。だから、講師の森さんも信用できないな。

とにかく、これから、ますます民間委託を進めていかなければならない
んだ。議会には、民間委託の推進に懐疑的な議員もいる。だから、一つひ
とつの事務を委託するに当たっては、今までよりも丁寧な説明が必要とな
るんだよ。

来週までに、公の施設の業務委託について、委託できるという根拠法令
の規定をまとめておくように。」

Aさん：「…。」

法的なものの考え方

1　法令用語と業界用語

　「委託」は、法律に定義が置かれている法令用語ではない。これは、「委託」には、自治体の事務において、また、社会一般においても、明確かつ一義的な意味がないことを示している。

　「委託」は、複数の意味を持っている多義的な言葉であり、委託の意味は使う人と使われる場面の相関関係で、無数に変わり得るのだ。

　何らかの意味を「委託」に与えて、意思表示の道具として使うことができる程度の能力を持つ人、つまり、純粋に国語としての「委託」レベルの二字熟語をおおまかにでも使える人が、仮に5000万人日本にいれば、「委託」には、5000万とおりの意味があり得ることになる。

　さらには、同じ人でも、場面によって「委託」の使い方が、意識無意識（大半は無意識）に異なることもあるだろう。

　「委託」だけではなく、自治体の事務においてよく使われる言葉の中には、法律上の定義がないものも多い。そのような、いわば自治体における「業界用語」をキーワードとして議論に使うときは、相手が使っているその言葉の意味と自分が使っている意味とが有意に違っていないかどうか確かめながら、議論を進めなければならない。

　甲：「これは委託だ。」、乙：「私もそう思う。」と意見が一致している場合でも、それぞれの「委託」の意味が違えば、この合意には意味がない。

　甲：「これは委託だ。」、乙：「いや委託ではない。」と議論が対立している場合でも、「委託」の意味をすり合わせてから議論し直せば、意見は一致するかもしれない。もし、そこで一致すれば、そもそも、課題についての認識は、初めから一致していたということだ。

　特に困ったことになるのは、業界用語（議論のキーワード。ここでは、「委託」）に理想的な意味を込めて議論する人が現れた場合である。イメージとしては、「アウトソーシングを進めることが定性的に正しい。」的なことを言いふらす意図を持っているような人物を指す。

　彼は、委託のありようについて議論する中で、委託した場合の課題やデメリッ

トを指摘すると「それは、私のいう『委託』ではない。」の一言で片づけてしまう。実際には、民間とのいわゆる「協働」を推進している人たちによく見られる論調である。

「『誰もがおいしい、また、食べたい』と思うカレーだけが私のいう『カレー』です。そんなカレーを作りましょう！」などと言われて、言われたほうは何をどうすればよいのだろうか。そんな提言や議論に何の意味があるだろうか。

議論の際には、自らの主張する案は、目指すべきと考えられる多くの形の中の一つであり、万人が良いと思うものではないこと、そして、その案を実現するために提示している手段は、その案の達成に結びつくとは限らないことを自覚しなければならない。

② 委託とその根拠

そこで、委託の根拠について検討する前に、まずは、みなさんと私との間で、この場における「委託」の意味を確定しておこう。そうしなければ、しごとでもプライベートでもよくある「こんなはずじゃなかった。」が、また、ここでも繰り返されてしまう。

自治体の事務においては、前の「補助金の支出（いかたこ祭り）」のエピソードでもそうであったように、「自治体が民間団体や個人に事務（しごと）を任せること」という意味で、「委託」を使っていると思われるし、また、AさんとB室長もそのようである。

よって、ここからは、「委託」の「」を外して、委託と表記して話を進める。

自治体の事務のうちどのような事務が委託できるのかという、委託についての一般的なルール、つまり、委託の法的根拠は、自治体制度の基本法である地方自治法にも存在しない。

委託に関することに限らず、このように、法的な課題について、法令の規定が存在しない場合については、

ア 「やってもよい。」という根拠（授権）がないから行うことはできない。

イ 「やってはいけない。」という規制（禁止や制限）がないから行うことができる。

という正反対の二つの判断が存在し得る。

委託は、裁判例などで、イに該当するとされている。すべての事務を職員が直接行わなければならないこととするのは非合理である、というのがその主な理由だ。

よって、自治体の事務は、法律に「○○の事務は、委託することができる。」という根拠規定がなくても、原則として、委託が可能である。

ただし、行政処分や契約の内容を決定する事務（法律行為の事務）については、「委託することができる。」という法律の根拠がなければ、委託（委任）することはできない。住民の権利や義務が決定される行政処分や契約は、自治体の中で、というより、社会全体の中で、最も重要な事務であるからだ。

例えば、住民課の窓口では、案内や記載指導や住基台帳の検索は委託できるが、交付決定（行政処分）は委託できない。交付決定を委託できるという旨の地方自治法か住民基本台帳法の改正、あるいは、委託に関する特別法の制定が必要となる。

現在の法制度において、法律行為の事務が委託できる場合としては、地方自治法によって、公の施設の使用許可（行政処分）を委託できる指定管理者制度がある（同法244条の2第3項）。

だから、B室長のAさんへの指示は的外れだ。業務委託の根拠などいくら探させても探しても見つかるわけがない。あるはずのない法律の根拠を探しなさいというのは、いわば、「法的なパワハラ」だ。

―自治体事務の委託の原則―
・法律行為以外の事務（事実行為の事務）は、委託できるという法律の根拠がなくても委託できる。
・法律行為の事務を委託するためには、その事務を委託できるという法律の根拠が必要。

3　委託の方法

自治体が事務を委託するに当たっては、受託者（民間団体など）にその事務を実現してもらうことが確実に保障されなければならない。つまり、受託者において自治体の事務を確実に履行する義務を発生させなければならないのだ。

権利や義務を発生させる方法としては、

ア　当事者の合意による契約

イ　法律や条例に基づく行政処分

の二つの方法がある。委託においては、一般的にはアの契約方式が採られている。実務上、「業務委託（契約）」と呼ばれていることはご存じだと思う。

　指定管理は、イの行政処分方式である。ここでは、指定管理者制度が「指定という行政処分で委託する。」という委託の手続きにおいて個性を持ったものにすぎず、あくまで、委託の一方式であることも確認しておいてほしい。

　固い（堅い）料理（行政処分の事務）を食べる（委託する）のに、箸（契約）ではうまくいかないので、ナイフとフォーク（行政処分）を使っているだけだ。契約方式では、委託関係を解消するためには、指定管理者が納得しなければ裁判手続が必要となる。それでは、不適切な管理が発生した際も自治体が使用許可権限を行使できない。そこで自治体の一方的な意思による「指定取消し（行政処分）」で委託関係を解消できるようにしているのである。

　指定管理には、「（委託とは違う新たな）制度」と評価できるほどの創設的なしくみは存在しない。基本的には、業務委託としくみは同じである。「指定管理委託」がより適切な呼び名だろう。

VII

法制度と正しく向き合う

1 政策的な法令の理解

■ *Episode* 著作物の利用

　著名な料理研究家Ａ氏は、全国ネットのテレビで、「333分クッキング」という料理番組を持っています。

　このたび、番組で紹介した料理のレシピをまとめた本「３品作っても1,000分未満！Ａの333分クイック・クッキング」（略して「クイック・クッキング」）を出版しました。

　レシピに掲載されている料理は、どれもＡ氏が長年、研究を重ねて考案したもので、料理研究家としてのＡ氏の能力と個性がいかんなく発揮されています。

　特に、どの料理についても、取りかかる前の調理器具の準備に５時間半をかけるという、料理に対する真摯な姿勢と愛情が読者の共感を呼んでいます。

　ある日、Ａ氏がその本に掲載されたレシピの一部を無断で転載しているＸ市のホームページを発見しました。Ａ氏は怒り心頭です。

　「Ｘ市が私に無断で『クイック（どこが？）・クッキング』の記事をＨＰに掲載したことは、著者である私の著作権の侵害です。提訴も辞さないわ。顧問弁護士にも相談しました。すぐに削除して、謝罪文を掲載してください！」と、第３マネージャを通して、Ｘ市に猛烈に抗議してきました。

著作権法

　（複製権）

第21条　著作者は、その著作物を複製する権利を専有する。

　（著作物の利用の許諾）

第63条　著作権者は、他人に対し、その著作物の利用を許諾することができる。

　2　前項の許諾を得た者は、その許諾に係る利用方法及び条件の範囲内において、その許諾に係る著作物を利用することができる。

　Ｘ市がＡ氏の本のレシピをＨＰに掲載したことは事実であり、掲載するに当たって、Ａ氏側の承諾は得ていません。

さて、Ｘ市が「クイック・クッキング」の記事を無断転載した行為は、Ａ氏に対する著作権法違反に当たるでしょうか。

法的なものの考え方

1 法制度（著作権法）の目的

第Ⅰ章のエピソードの「ひこもん」にも、ちょっとだけ出てきたが、「著作権」や「著作権法」は、比較的よく聞く言葉である。自治体の中でも、意識無意識に「それは著作権法違反だ。」とか、「そんなことをしたら著作権法に触れる。」とか、「著作権法違反かもしれないが、バレなければいいんじゃない？」というような会話をしたこともあるだろう。

また、著作権（法）を理解することは、自治体のしごとを進めるうえで、必要ではないことではない（つまりは必要だ）、という認識は大多数の自治体職員のみなさんはお持ちだと思う。

そこで、自治体行政において必要となる、法律に基づく制度（法制度）を正しく理解し、効果的に運用する、つまり、「正しく向き合う。」ことについて、ここでは、著作権法を題材に、お話ししていくことにする。

とりあえず、著作物の例として本を挙げる。本を購入すれば、その本は買った人のものとなる。読んでもいいし、人に貸してもいいし、あげてもいいし、売ってもかまわない。破ってもいいだろう。所有権があるのだから、買った本（所有物）はどうしようが、その人（所有者）の勝手だ。

私は、研修で私の著作物である著書をテキストに使うことがある。参加者に１冊ずつ配布されるが、研修の冒頭に、研修生とのコミュニケーションを図ることも兼ねて、「（しばらくは、）ブックオフには持っていかないように。」とお願いする。お願いするしかない。強制はできない。なぜなら、売るか売らないかは所有者が決定できることだからである。

2 法制度（著作権法）ができた理由

当然、本をコピーすることも所有者であれば、できる（してもよい）はずだ。

しかし、買った本を、好きなようにコピーされたら、本は売れなくなってし

まう。本の著者の貴重な利益（この段階では「権利」ではない。）が損なわれる。

　そのような状況を放置しておくと、誰も本を書く・つくるという行為をしなくなり、本というものの存在が社会から消えるかもしれない。小説も絵本も写真集もない文化的に乾燥した世の中になってしまう。

　そこで、所有者から本をコピー（著作権法では「複製」という。21条）する権利をはぎ取って、本の著者の手もとに残す（移動する）しくみがつくられた。それが、著作権法である。

　本を書くなどの文化的な活動ができる経済的な基盤を、確保しようというねらい（目的）を持っている。

❸　法制度（著作権法）の内容

　著作権は、政策的に設けられた（つくられた）権利である。財産権とか、表現の自由とかのような、法律があろうがなかろうが、人であれば当然に認められるべき権利ではない。基本的人権の一内容ではないといえる。

　著作権を認めない国があったとしても、それは、現代的な国家ではないとの謗りをうけることはあっても、人権国家ではないとはいえないだろう。また、著作権の内容も、優れて政策的な判断によって決められていると考えられる。

　実際の著作権法の内容はいろいろたくさんあるが、主なものは、複製をする権利である。「本の所有者には複製権はない。複製権は著者にある。」という制度が著作権法なのである。英語は苦手なので書けないし、発音も悪いが、著作権のことを「コピー（複製する）ライト（権利）」というのはその意味らしい。

　複製権は本だけではなく、ＨＰに掲載された記事もその対象となる。勝手にダウンロード（これも「複製」）すると著作権法に触れる（著作権法違反となる）。

　また、コピー機でコピーするのではなく、書き写したり、自分が公表するものにまるで自分が書いたもののように、他人の著作物の記述を転載したりすることも複製となる。法的な禁止行為である。

❹　法制度（著作権法）の内容（つづき）

　長くなったので、いったん切った。話を続ける。複製権（コピーやダウンロードをする権利）が著作権者（本を書いた人。ＨＰの記事を書いた人）にあると

いう著作権法のしくみは、複製権を著作権者に与えること自体が主なねらいではない。

本の所有者が本をコピーしようとするときに、著作権者の了解（「許諾」という。）が必要になるというしくみをつくるためのものなのだ。そうしておけば、複製に伴う対価が複製したい者から著作権者に支払われ、著作権者の利益が確保される。経済的な成功体験をもとに、「よし、次もがんばって、もっといい本をつくろう！」となる。社会全体の文化が向上する。

しかし、著作権者に複製について許諾する権利を与えるためには、そもそも複製権が著作権者にあるというしくみをつくる必要がある。なぜなら、本来、複製権は所有権者が持っているはずのものだからだ。

そこで、繰り返しになるが（だから長くなるのだが）、複製権という権利をことさら所有権から切り離して、所有権者から著作権者の手もとに移したのだ。

本をコピーするには、著作権者の「許諾」が必要だ。聞きなれない言葉だと思う。「許可」ではない。許可は、法律や条例の根拠を持つ。許可の要件は客観的で、当事者（許可する者と許可を受ける者）にとって外在的で所与のものだ。当事者の主観的な意思は入らない。

「許諾」はそうではない。辞書的な意味での了解を指す。だから、どのような条件で、許諾するか（しないか）は、複製権を持っている著作権者の意思による。要するに、著作物の利用許諾契約を締結しなければ複製できないのだ。契約の成否の条件は、唯一、当事者の意思だ。

著作権者が「ダメ」と言えば、それまで。コピーもダウンロードも転載もできない。著作物を利用（複製）しようとする者にとって、法的なしくみとしてのハードルは高い（というより、ハードルの高さ自体が測れない）。

実際には、著作権者も経済的な利益は欲しいし、自分の著作物の宣伝や権威付けになるので、そこそこの条件で許諾する場合も多い。

とにかく、著作権者に複製についての「許諾権」を与えることが、著作権者に複製権を与える主な目的だと考えられる。

5 法制度における定義（著作物とは？）の理解

順番が逆になったかもしれないが、ここで、著作権法の対象となる著作物について説明する。「著作物」とは何か？　である。かなり理解が難しいので、言葉を尽くそう。

先の説明で、とりあえず本を代表的な著作物として挙げたが、実は、すべての本やそれぞれの本の全体が著作物であるとは限らない。もっとはっきり言えば、そう（本のすべてが著作物）ではない。

著作権法は、「創作的な表現」（外形・見た目）を著作物として保護し、文化の発展を促そうとする目的を持っている。

（目的）

第1条　この法律は、著作物並びに実演、レコード、放送及び有線放送に関し著作者の権利及びこれに隣接する権利を定め、これらの文化的所産の公正な利用に留意しつつ、著作者等の権利の保護を図り、もつて文化の発展に寄与することを目的とする。

ここで、誤解してはならない（つまりは、多くの人が誤解していると思われる）ことがある。それは、著作権法が保護の対象としている「著作物」の内容や範囲である。

著作権法は、優れた考えやアイディア（中身）そのものを保護の対象としているのではないし、また、社会的な有用性を保護の基準にしているのでもない。

著作権法を擬人化すれば、著作権法さんという人は、アイディアや使い勝手には興味がなく、あくまで「表現」にこだわりを持っている。

その内容が、すでに言い古された陳腐なもので、誰もが考えつくものであっても、また、実用的・社会生活的には何の役にも立たないものであっても、その「表現（見た目、印象）」が創作的、つまり、考えた者の個性や能力が表現されているものが「著作物」なのである。

反対に言えば、内容が優れていても、役に立つものであっても、表現において見るべきものがなければ、著作物ではない。

著作権法は、一応の対象としては、書かれたものや目や耳に入るもの、いわば「表現物」のすべてを含んでいるところ（著作物であるための一次試験）、

その中で、創作的な表現を持っているものやその部分だけを著作物としているのである（最終試験）。

（定義）

第2条　この法律において、次の各号に掲げる用語の意義は、当該各号に定めるところによる。

　(1) 著作物　思想又は感情を創作的に表現したものであつて、文芸、学術、美術又は音楽の範囲に属するものをいう。（一部略）

（著作物の例示）

第10条　この法律にいう著作物を例示すると、おおむね次のとおりである。

　(1) 小説、脚本、論文、講演その他の言語の著作物

　(2) 音楽の著作物

　(3) 舞踊又は無言劇の著作物

　(4) 絵画、版画、彫刻その他の美術の著作物

　(5) 建築の著作物

　(6) 地図又は学術的な性質を有する図面、図表、模型その他の図形の著作物

　(7) 映画の著作物

　(8) 写真の著作物

　(9) プログラムの著作物

　2　事実の伝達にすぎない雑報及び時事の報道は、前項第一号に掲げる著作物に該当しない。

よって、著作権法10条1項に例示されたものは、それに該当すれば、イコール著作物になるというわけではない。例示された表現物に「創作性（を持っている）」という要件が加わって、はじめて、著作物となる（同法2条1項1号）。

そうすると、音楽（詩と曲。著作権者は作詞作曲者）、映画、舞踊は、ほぼ無条件で著作物に該当すると考えられる。創作的でない映画など存在しないだろう。面白い映画と明らかに誰が見ても面白くない映画があるが、それは、創作性の有無とは基準が違う。

一方で、本は、著作物かどうかは読んでみないと分からない。小説は著作物だが、そのほかの本は、本の全体が著作物であることは稀だろう。ページや文

章ごとに部分的に判断するしかない。解説書の類は小説に比べれば、はるかに著作物である可能性が低い。

　新聞記事も内容による。事件事故の事実関係だけ伝えているものは、本来、著作物である可能性は、ほぼない。取材した記者独自の表現が記事に表れる余地がないからだ。

　学術論文の著作物性も方向性としては、消極的に判断されることになると思われる。少なくとも、数学などの自然科学の論文は著作物ではない場合が多いだろう。個性的な表現では、客観的な真理は伝えにくいからである（ただし、著作物性を低下させることは、学問的な価値とは全く関係がない。）。

6　法制度と総体的な価値（レシピは著作物か？）

　料理研究家が、その知識と経験を活かし、試行錯誤を重ねて考え出した、その料理研究家しかつくり出し得ない、独自のレシピであっても、その表現、つまりは、書きぶりが、レシピとして一般的なものやよくあるパターンのもの（テンプレート的）であれば、考え方としては、著作物には該当しない。

　一方で、「インスタントラーメンの上手な作り方」というレシピ（作業表）であっても、作者による個性的な表現がなされていれば「著作物」なのである。

　著作権法は著作物かどうかについて、総体的な価値を基準としているわけではない。「表現における個性」を作者の人格として保護しよう、言い換えれば、あらゆる分野における豊かな表現の創作を文化として奨励し、明るい社会（犯罪がないとかいう意味ではない、別の明るさ。）をつくろうとしているのである。

　著作権法の正しい理解に必要なのは、この社会においてつくられた表現物は、次の３つの観点から評価し、差別化し得るということだろう。

Ⅰ中身（アイディアとして優れているか）

Ⅱ有用性（どれだけ役に立つか）

Ⅲ著作物性（表現が創作的であるかどうか）

　もちろん、著作物（Ⅲ）でもあるし、中身（Ⅰ）や有用性（Ⅱ）を持つものもあるだろう。

　著作物とは一つの「色」である。著作物ではないとされたとしても、価値がないとか著作物であるものよりも劣っているとかいう評価が与えられたわけで

はない。「黄色ではない。」と評価されただけなのである。

　ある法律ができると、その法律が人やものの画一的な優劣の基準を示したものだと誤解する人がいる。利益を実現するために、意図的に、そう思い込んでいる人たちもいる。

　法律は、特定の目的を達成するための手段として、ある特定の基準を示しているにすぎない。そもそも、人やものの全体的・最終的な価値を決定する法律などつくりようがないし、また、つくってはいけないし、つくったとしてもそれは虚構である。

　A氏は、仮に、自分のレシピが著作物ではなく、一般の主婦が書いた「インスタントラーメンの上手な作り方」が著作物であると評価されたとしても、料理研究家として、何ら、そのプライドを傷つけられたことにはならないことを理解すべきである。

7　違法行為の根源

　著作権法上の保護、具体的には無断転載（多くの場合、著作権法上は「複製」に当たる。）を防止し、監視するために、自らの本や記事などを著作物であると主張する例（風潮）が拡がっている。

　しかし、それは、新聞記者においては、「私の書いた記事の評価は、取材内容ではなく書きぶりで決めてほしい。」という社会的な主張をも意味する。大学の研究者が自らの論文を著作物だと主張することは、「私の論文は著作物ごときである。」とアナウンスしていることにもなる。

　著作性の主張は、時に職業的にはその魂を売って、経済的な利益を図り、損失を防ごうとする営みにもなりかねない。

　また、法的な保護に値する「創作的な表現」という著作物固有の価値や著作物のレベルを低下させ、文化の発展を阻害することにつながる。裁判例を見ると、法の目的よりはずっと「著作物」であることの敷居（創作性のレベル）が低くなってしまっているように思える。

　著作権法は、経済的な利益につながりにくい文化的な表現物（楽曲や小説はヒットすることが稀である。）について、無断転載などを禁止して、創作者（著作権者）の利益を保護し、文化の振興を図る（志す者を確保する）ためのもの

であるはずだ。

　自分の記事や論文を、すべて著作物であると主張することは、結びつくはずのない自分の利益と法律の要件とを結びつけるという意味において、社会がその存在を一次的に忌避し、わたしたち自治体職員が日常的にその解消に取り組んでいる、金銭的給付を受けたいがために、自らの状況や属性をほかのものに見せようとする人たちのそれと、本質において変わりはない。

8　法制度における権利（著作権）の制限

　著作権法は、著作物についての著作者の権利を一方的に無制限に認めているわけではない。文化を振興するという目的のもと、「引用」という複製権の例外ともいうべきルールを設けている。

> （引用）
> 第32条　公表された著作物は、引用して利用することができる。この場合において、その引用は、公正な慣行に合致するものであり、かつ、報道、批評、研究その他の引用の目的上正当な範囲内で行なわれるものでなければならない。

　他人の著作物の記述の一部などが必要な場合は、一定のルールを守れば、著作権者の許諾を得なくても、著作物を複製できる。それが、「引用」である。

　引用もとの著作物を明確に分かりやすく表示（「○○という著作物にお世話になって、この著作物をつくっています。」）し、最低限度の必要範囲にとどめなければならない。

　これは、著作権者に対する著作権法による著作権の制限である。「引用されたくない。」は通用しない。複製権（複製を許諾する権利）が認められていることの見返りだと考えてもいいだろう。

　よって、理屈としては、著作物ではないものは、引用できないことになる。著作権法における「引用」という制度が適用されないからだ。

　「著作物ですら引用できるのだから著作物でないものは当然、引用できるはずだ。」という考えは、法的なものの考え方から、完全に外れていることを理解されたい。「著作物」という概念は、ものの価値を決定づける基準ではない。

　現実は、著作物でない本などの記述について、著者の承諾を得ない「引用」

をしても、裁判レベルでは、損害賠償請求は認められないかもしれない。しかし、引用は著作物についての法制度（「引用」は著作権法上の定義）であり、著作物でないものについては、引用してよいという法律の根拠はないのだ。

「著作物は著作権法上のルールに則れば引用ができるが、著作物でないものは、一切引用（に相当する行為）はできない。」という可能性もあるのだ。

著作物でないものを無断で複製できるかどうか（無断複製が結果として、違法にならないかどうか）は、法制度がないのだから、個別具体のケースごとに、判断することになる。

⑨　実務における法制度（著作権法）への向き合い方

創作性があるかどうかという著作物の見極めは実際には、かなり、難しい。著作権者の「著作物だ。私の許諾なく勝手に使うな。」という主張と、複製したい者の「著作物ではない。」という主張は容易に衝突するだろう。

この点につき、著作権法の目的や趣旨としては、「創作性」を著作物であることの条件として要求してはいるものの、裁判例などを見ると、実際には誰が書いても同様の文脈（表現）になると考えられる新聞の事件記事などについても、著作物であるとの判断がされているようだ。

また、著作物でないものは複製や引用などについてのルールがない。加えて、そもそも他人がつくったものを勝手に使うことは正しいことではない。

そこで、自治体において、本やＨＰの記載や新聞記事などを利用するときには、つくった人（著作権者であると評価される人かどうかは分からない。）の了解を得るという対応を取ることが、現実的には適当である。

言い方を変えれば、それが、無難である。著作物であるかどうかの判断を戦略的に放棄したうえで、作者の了解を絶対的な条件として他者がつくったものを利用するのである。

了解を得られない場合は、一切、利用しない。それは、著作物について引用の条件を満たしている場合も同様である。

そもそも、絶対にこの著作物を引用しなければ、このしごとができないというような事態は、あまり起こり得ないのではないか。対価の支払いをして許諾を得ることも、必要なものを自ら製作することも、どちらも困難な状況が発生

することは、まず考えられない。

　著作権法に違反しない場合であっても、とにかく、他人が「創作したもの」や「作ったもの」を利用しようとするときは、所有者の了解を得ること、了解を得られないときや所有者が不明な場合は利用しないこと、「著作権フリー」の表示をしていても、安易に無償利用しないこと（所有者がどのような者か分からない。）が大切である。

VIII

住民のための自治体職員（法律行為と事実行為）

1 権利と義務の大切さを理解する

■ *Episode* 情報公開請求

　X市の法務研修で、いつものように、途中で少し休憩時間を取りました。

　休憩に入る前に、「ここまでお話ししたことについて質問がある人はどうぞ。また、しごとについての法的な相談がある人も遠慮なく。」という、アナウンスをしました。これも、いつもの研修と同じです。

　すると、受講者のAさんが、「待ってました！」という感じで、講師席にいる私のところに、ダッシュでやってきました。ここからが、いつもと違います。

　そのAさんについて、今からお話しします。

　彼女の相談は、形としては、情報公開条例の解釈に関するものだといえなくはありませんでした。Aさん本人も、自分は私に情報公開制度についての質問をしているのだという意識を持っていたと思います。

　しかし、その実質的な内容は、『森幸二の法務相談事例集（発売日未定）』に掲載するとしたら、「情報公開」の章にではなく、事例集の最初の部分の「法務以前」の章か、あるいは、一番、最後のほうの「その他・法務以外」の章に載せるべき内容でした。

　今から、Aさんと私とのやり取りを再現します。みなさんも私（被相談者）になったつもりで読んでくださいね。

　Aさんの相談を受ける前に、ここで、情報公開制度について、みんなで、あらかじめ勉強しておきましょう。

■ 情報公開条例のしくみ

　みなさんの自治体にも、情報公開条例があるはずです。きっとあります。条例の構成やしくみは、どの自治体のものもほぼ（95％くらい）同じです。

　「情報」と、条例のタイトルに銘打っていますが、公開する対象は、ほとんどの自治体では「文書」です。決裁文書などを住民の請求に応じて閲覧してもらい、必要に応じてコピーを提供するしくみです。

　「こんな情報が欲しい。」との住民の要望を受けて、それに応じた資料をわざわざ作成するというシステムではありません。「令和5年度におけるふるさと納税による寄附の使い道が分かる文書」というような形で申請し、それに応じてその目的を果たせる記載がある文書を探して公開します。

　公開の単位は、「文書」です。文書中の必要な部分だけを公開するのではなく、原則として、該当文書の（申請者が必要としないだろうという部分も含めて）全体をそのまま公開（申請者に見せる）します。

　もちろん、該当する公文書がない場合に、情報公開条例に基づく申請としてではなく、一般的な意味での行政サービスの一つとして、資料を作成して提供してもかまいません。

　公開請求は、法的な意味での申請です。情報公開条例は、住民に文書を開示することについての申請権を認めているのです。申請に対して開示するかしないかの自治体側からの返事は、単なる回答ではなく、法的な意味を持つ応答、つまり、行政処分となります。

　ですから、開示しない決定をした場合、その決定は審査請求や訴訟の対象となります。

行政不服審査法

（処分についての審査請求）

第2条　行政庁の処分に不服がある者は、第4条及び第5条第2項の定めるところにより、審査請求をすることができる。

行政事件訴訟法

（抗告訴訟）

第3条　この法律において「抗告訴訟」とは、行政庁の公権力の行使に関する不服の訴訟をいう。

2　この法律において「処分の取消しの訴え」とは、行政庁の処分その他公権力の行使に当たる行為（次項に規定する裁決、決定その他の行為を除く。以下単に「処分」という。）の取消しを求める訴訟をいう。（以下略）

❷ 情報公開条例の目的

　情報公開条例の大きな目的は、自治体行政への住民参加を進め、住民の意見を行政へ反映させることです。

　住民参加のためには、まずは、住民が自治体行政についての情報を得ることが必要となります。そこで、文書という形で自治体が持っている情報を、誰でも手に入れることができるようにしたうえで、まちづくりについての自分の意見や考えを、客観的な情報によって形成する機会を保障するしくみを設けたのが情報公開条例なのです。

　一方で、情報を得た後の具体的な参加の機会自体を情報公開条例が用意しているわけではありません。

　なぜなら、情報公開条例が前提としている住民参加の形態は、住民がその生活の中で、生活と並行して行うことができるもの（選挙、パブリックコメント、地域活動などを通しての、自分の意見の自治体行政への反映）が想定されているからです。

　「住民参加」が何か特別な意識的な活動だという認識が、住民や自治体職員の間にあるようですが、それは、何とか住民参加の実態と合わせて、解消・改善していかなければなりませんね。

　本来、情報公開に積極的な行政の姿勢と成熟した住民性があれば、情報公開を進めることは、行政、住民双方にとって良いことづくめであるはずです。まちづくりにとって、とても、惜しいことです。

　まちづくりに必要なのは、「私はこう思う。こうすべきだ。」といういきなりの意見ではなく、まずは情報です。必要な情報を共有し合えば、やるべきこと（自治体の政策）は、それぞれの立場を超え、立場の違いを克服して、自ずと決まるはずではないでしょうか。

　その必要な情報を、行政と住民とが共有して、今のこのまちに、この社会に何が足りないかを互いに探し出すためのしくみが情報公開条例なのです。情報公開条例が目指しているのは、情報を共有するという形態での行政と住民との協力関係の構築なのです。それぞれが、自分の意見を述べるためではなく、共通の認識を持つために情報公開制度は存在するはずなのです。

　政策決定における意見の違いは、意識無意識に自分がやりたいことにとって

都合の良い情報だけを得よう、あるいは、与えようとするところにあるのではないでしょうか。客観的な情報に基づかない政策や政策提言は、その中身が何であれ、一種の錬金術にすぎません。

「情報公開」というと、請求者に対して、先鋭的・批判的なイメージを持ちますが、制度としては、「みんなでまちづくりをするためには、住民が自治体の情報を共有する必要がある。ただ、何もかも一方的に情報を提供していたのでは、かえって住民の主体性が損なわれる恐れがあるから、どんな情報が必要で、それを実際に手に入れるかどうかは、個々の住民が判断することにしよう。」というしごく当たり前の標準装備的なしくみなのです。

情報公開条例が保証している情報公開制度は、職業的・思想的な住民参加の制度的支柱などではなく、きわめて当事者的な意味合いを持っていることは、ここで、しっかりと確認しておきましょう。

❸ 情報公開条例における「非公開事由」の存在

文書に記載された事柄のうち、公開すべきではない部分（非公開事由）については、何が書いているか見えないようにして（一般的には該当部分を黒塗りにして）、閲覧してもらったり、写しを交付したりします。

典型的な非公開事由は、個人情報が記載されている部分です。ほかにも非公開事由に該当するものの中に、「事務事業情報」と呼ばれるものがあります。

　例えば、立ち入り検査や監査における対象・実施時期に関する情報や資格試験の問題に関する情報は、公開してしまうと事業そのものが成り立たなくなるから非公開（黒塗り）にするのです。

　ほかにも、事務事業情報は考えられますが、その要件である「事務又は事業の適正な遂行に支障を及ぼすおそれがあるもの」については、担当者の都合などではなく、客観的な（法的な）「支障」が存在しなければならないことは、言うまでもないでしょう。

　ここまで、ざっと、おおまかに情報公開条例の勉強を済ませました。では、いよいよＡさんからのご相談を受けましょう。

Ａさん：「私が担当している『ふるさと納税事業』について、そのやり方を批判し続けている市民がいて、私はとっても困っているんです。私のしごとが、しにくいんですよ。私が考え出したふるさと納税のやり方は、全国的にとても有名なんですよ。大きな実績も挙げているんです。

　批判の内容は、『返礼品が本市の特産品ではない。本市のどこに、パソコンやスマホの工場があるのか。』『この派手な服を着た女性は誰だ。』『自分のまちさえよければ、それでいいのか。』、『すべての自治体の収入として合計すれば、返礼品の分だけ、税収が損なわれている。』という、いずれも的外れなものです。

　本市の税収も上がるし、パソコンやスマホや私の写真などの返礼品を送るので、とても喜ばれています。いいことばかりです。どこが悪いんですかね？　私は理解できません。

　森さんも、自治体職員なら、当然、私がやっている本市のふるさと納税の評判の良さや担当者である私のこともよく知っていると思います（森：「自治体職員ですが、知りません。事業も。あなたのことも。」）。

　だから、私の事業を批判する目的で、関係文書の公開を請求することは、当然、情報公開条例で非公開にできる理由として規定されている「事務事業の適正な遂行に支障を及ぼすおそれがあるもの」に、当てはまると思うのです。

森：「市の事業を住民が批判するというか、事業について意見を持つことが、『事務事業の適正な遂行に支障を及ぼす』ことになるとあなたは考えるの？」

Ａさん：「そうです。現に、私のしごとの、たいへんな邪魔になっています。私のこのしごとは、本市の事業の中で、今、一番、重要で成功している事業です。それを批判されたら、事業の相手方を不安にしますし、市民が誤解して、『大丈夫かな？』なんて、思いはじめたりする恐れがあります。市のためになりません。絶対に、公開請求を止めさせる必要があるんです。

　そこで、情報公開条例を勉強して、『事務又は事業の適正な遂行に支障を及ぼすおそれがあるもの』を見つけたんです。今日の研修を心待ちにしていました。このことを質問しようと思って。」

森：「条例の言葉を借りると、あなたが『適正』で、情報公開を請求する住民がそうではないと？」

Ａさん：「だって、そうでしょう！　私の事業は、すごいんですよ。」

森：「（すごいのは、あなたの担当している事業ではなく、あなただ。「すごい」の意味が違うが。）繰り返しになるけど、事業についての住民の批判や意見を聞いて、事業に反映することも大切だと思わない？」

Ａさん：「私の事業のどこがおかしいんですか。こんなに成功しているのに。」

森：「反対する人の意見も役に立つかもしれないよ。もっと、良い事業にするために。あなたが（決して）気づかない（気づこうとしない）デメリットとかも見つかるかもしれないよ。」

Ａさん：「私のやり方で成功しているんです。というより、私だからこの事業ができているんですよ。私じゃないとできないことなんです。私の事業だと世間でも評価されています。私に対して、他人の批判は無用です。お門違いです。

　この事業の成功を受けて、私に講演依頼もたくさん来ています。みんな、私や私のやり方にあこがれているんですよ。誰かの意見は私と私の事業の邪魔になるだけです。私が私で私の私は私なんです。」

X市情報公開条例（一部略）

　（目的）

第１条　この条例は、日本国憲法の保障する地方自治の本旨に即し、公文書の開示を請求する市民の権利を明らかにするとともに情報公開の総合的な推進に関し必要な事項を定め、もって市が市政に関し市民に説明する責務を全うするようにし、市民の理解と批判の下に公正で透明な行政を推進し、市民による市政への参加を進めるのに資することを目的とする。

　（行政文書の開示義務）

第７条　実施機関は、開示請求があったときは、開示請求に係る行政文書に次の各号に掲げる情報（以下「不開示情報」という。）のいずれかが記録されている場合を除き、開示請求者に対し、当該行政文書を開示しなければならない。

　(6)市の機関又は国、独立行政法人等、他の地方公共団体が行う事務又は事業に関する情報であって、公にすることにより、当該事務又は事業の性質上、当該事務又は事業の適正な遂行に支障を及ぼすおそれがあるもの

法的なものの考え方

　最後の「　」に「私」が何回出てきたか、数えてみてほしい。実際には、Ａさんがこんなにまで「私、私」と言っていたわけではない。私（ここでは「森」）がその日のことを印象的にまとめたものだ。だいぶ言葉を足している。

　ただ、そういうことを言ったとしても、おかしくない雰囲気や勢いだったことは確かだ。実際には、もっとすごいこと（もっと「私（ここではＡさん）」なこと）も言っていたが、そこは、逆に割愛している。その意味で、このやり取りは、決してフィクションではない。

■　自己実現できなくても社会に貢献すること

　みなさんは、「マズローの欲求５段階説（マズローの法則）」というのをご存じだろうか。私も、内容を正確に語れるほど詳しくはないが、マズローという心理学者が唱えた、人のありようについての評価方法で、自治体でも係長へ

の昇任試験などで人事管理や組織管理の問題として、しばしば出題されることがある。

　知り合いではないが、マズローさんによれば、人間の欲求は5段階に分けられ、ピラミッドのように構成されているそうだ。

　数字が若い（マズローによると「低次」なのだそうだ。）欲求が満たされないと、次の欲求（より「高次」の欲求。同じくマズローの考え）に心が向かわないのが、人間というものなのだそうである。

　それぞれの欲求を並べてみる。（　）内は、各欲求の対象となる事柄である。
○1段階目：生理的欲求（食べること、寝ることなど）
○2段階目：安全の欲求（健康で経済的に安定していること）
○3段階目：社会的欲求（家族や勤務先などの居場所があること）
○4段階目：承認欲求（集団の中で評価され、能力を認められること）
○5段階目：自己実現の欲求（自分にしかできない事柄を成し遂げること）

　私は、食欲が一番人らしい欲求だし、それが満たされれば、人として十分だと思うのだが、それはさておき、マズローさんによると、5段階目の「自己実現の欲求」を持つことが人としての到達点だとされている。

　Aさんも今の事業で、「自己実現」を達成している（しようとしている）のかもしれない。ただ、どんな人にとっても、「自分にしかできないこと」など実際には、存在しないと考えられるので、自己実現の欲求とは、より正確に言えば、「自分にしかできないと思えるようなことをする機会に恵まれ、それが達成できたと実感できること」ではないかとも思う。

　要するに、つまりは、「勘違いすること」なのだろう。「自己実現」とは、多分に（ほとんど）認識の問題ではないだろうか。

２　自治体職員と自己の超越

　実は、マズローはさらにもう1段階、高次元な欲求をピラミッドにつけ加えていたそうだ。6つ目があったのだ。その6つ目の欲求段階とは、「自己超越の欲求」と呼ばれるものだ。

　「社会をより良いものにしたい。」、具体的には、「貧困をなくしたい。」など、社会や他者に貢献したいという欲求だ。

私は、先ほど若干触れたように、マズローさんの１→５段階の構成には、必ずしも納得できないが、この「自己超越の欲求」が人として最も成熟した人が持つものであるという考えには、全面的に賛同する。

　そして、この「自己超越の欲求」は、私たち自治体職員が持つべき、いや、持っていなければならない欲求でもある。社会貢献は自治体職員の生業なのだから。

　しかし、マズローの考えでは、低次の欲求が満たされないと、次に行かないそうである。そこで、マズローに従って、自治体職員が持っていなければならないはずの「自己超越の欲求」を持つための条件が、今の私たち自治体職員に、実際に、用意されているかどうか確認してみる。

○１段階目：生理的欲求（食欲・睡眠）
○２段階目：安全の欲求（健康・経済）
○３段階目：社会的欲求（家族・居場所）

　この３つは、公務員としての身分保障によって、ほぼ満たされている。

●４段階目：承認欲求（評価・承認）
●５段階目：自己実現の欲求（自己主張・勘違い）

　しかし、この２つは保証されていない。一生懸命に働いても、少なくとも主観的には十分に評価されるとは限らないし、自己実現は、それをできる機会に恵まれることのほうが稀だろう。

　ということは、私たち自治体職員は、「承認欲求」や「自己実現の欲求」が満たされなくても、誰に認められるわけでなくても、自己実現できなくても（大まかにいえば、好きなしごとができなくても）、自己実現の欲求を超えて、自分の満足などはさておき、自分の意思と力で、自己を超越して、社会のために尽くすという心を獲得しなければならない存在であるということがいえる。

　この点において、「５（自己実現）が満たされてから、６（自己超越）にたどり着く。」というマズローの言い分は間違っているというより、マズロー理論は自治体職員には当てはまらないのだ。

３　法の正しい解釈と自己実現

　話をＡさんに戻す。Ａさんは、マズロー的５番目の自己実現のために、「自分（だけ）が正しい。」という偏った認識を、「事務又は事業の適正な遂行に支

　障を及ぼすおそれがあるもの」という情報公開条例の客観的な法的要件に当てはめようと（すり替えようと）している。

　論理的には、情報公開条例の非公開事由の一つである「事務又は事業の適正な遂行に支障を及ぼすおそれがあるもの」は、X市のふるさと納税事業に対する住民の批判が当てはまることになる。

　Aさんのしごとは「事務事業」であるし、AさんがしごとがやりにくくなっていることがAさんにとっては「支障」であることは、辞書的・国語的には間違いではないからだ。

　Aさんの主張はその意味では（論理としては）正しい。しかし、誰が考えても結論として間違っている。「論理（Aさんの主張）」と「本当の正しさ（黒塗りにはできない。）」との間には何かがある。何があるのだろうか。

　それは、「住民参加を進める。」という条例の目的であり、「正しいことをこの社会において実現する。」というすべての法律や条例に共通する目的（正義の実現）であり、そして、自治体職員としての「心」や「志」である。

　彼女は、マズローの説のとおりに、承認の欲求を満たし、自己実現を図ろうとしているが、社会のために自己を超越することはないだろうと思う。彼女は

6段階目には到達しない。

彼女は自分がまちを発展させていると思っているはずだ。古い言葉で言えば、「まちの活性化」を実現していると。

しかし、法的に見れば、彼女の存在は、まわりの職員に「まちの発展って何だろう？ 活性化ってどういう意味だろう？ 住民のために働くってどういうことだろう？」と考え込ませる素材そのものになってしまっていると思う。

Aさんの私への質問を通して、さらに、マズローの考えを公務員バージョンに糾したい。4段階目から先は、5段階目に向かう人と、6段階目に行く人とに、コースが分かれるのではないだろうか。

どちらに行くかは自治体職員になった時点（年齢）では、すでに所与であり、5（自己実現）的人格が身についた職員は、「よい出会い」に恵まれない限り、本人の意思では自分自身を6（自己超越）方面へ転換させることはできないと考えられる（いわゆる「人の問題」）。

４ 自治体におけるカリスマ職員

私は知らなかった（本当に知らなかった）が、彼女は、その業績から、ご本人が主張するように、かなりの有名な人だと後で聞いた。

講師として、毎年、たくさんの自治体に行く。その中で、Aさんのように、世間の耳目を集めるしごと（のしかた）をして、「カリスマ」とか「スーパー」などと喧伝され、本人も、そのように自負している職員に会うことがある。

残念に思うのは、彼らの印象や言動が、私が出会ってきた心ある人たちの像と一致しない場合も少なくないことだ。一部のカリスマさんたちが持っている微妙なテンション、過剰な自負、特別扱いされていることについての（ほかから見ればとても）小さな満足、そして、周りの遠慮と配慮に気づかない、あるいは、それに乗じた「私が（常に）正しい。」という思い込み。

事前に存在自体を聞かされていたときには、研修会場に入ってすぐ、その立ち居振る舞いから「あの人だな。」と分かることもある。Aさんもそうだった。

Aさんも、担当者にとって不都合であるという理由で文書を非公開にはできないことは、本当は、理解しているはずだ。でなければ、自治体職員として、そこにはいないはずである。

　それでも、「黒塗りにできる。」と主張するのは、自分がほかの職員よりも重要なしごとを担当しており、ほかの職員にない成果を挙げていると思っているからだろう。住民の意見を反映する機会を確保するという法（情報公開条例）の目的を乗り越えてでも自分の考えが主張すべきものであり、自分の担当する事業が実現されるべき価値のある存在であると。果たして、そうだろうか。

❺　住民の暮らしと自治体職員の役割
　自治体のしごとを、法的な観点から２つに分けてみた。
・窓口系のしごと：生活保護、財産管理、証明書発行、税
・企画系のしごと：計画策定、産業振興、イメージアップ、イベント
　２つを比べると、企画系のほうが、窓口系よりも目立つというか、成果が見えやすい。また、一見、企画系のほうが、創造的なしごとであるような気がする。
　Ａさんのようなカリスマさんたちのしごとも、おおむね企画系のしごとに属するのだろう。
　しかし、ここで挙げた窓口系のしごとを自治体が実施するには必ず住民の代表である議会の議決（条例）の根拠が必要だ。これは、国においても同じだ。国の場合は法律の根拠が要る。自治体の規則や国の政令・省令では規定できない（地方自治法14条２項、内閣法11条ほか）。
　なぜなら、窓口系のしごとは、住民（人）にとって一番大切なもの、つまり、住民の権利や義務（日々の暮らし）に、大きく関わっているからである。
　企画系のしごとには、条例や法律のような法的根拠は要らない。自治体においては、長の判断だけで、規則や要綱で実施できる。

地方自治法（一部略）

第14条　普通地方公共団体は、法令に違反しない限りにおいて第２条第２項の事務に関し、条例を制定することができる。

２　普通地方公共団体は、義務を課し、又は権利を制限するには、法令に特別の定めがある場合を除くほか、条例によらなければならない。

第15条　普通地方公共団体の長は、法令に違反しない限りにおいて、その権限に属する事務に関し、規則を制定することができる。

憲法（一部略）

第73条　内閣は、他の一般行政事務の外、左の事務を行ふ。

　⑹　この憲法及び法律の規定を実施するために、政令を制定すること。

内閣法

第11条　政令には、法律の委任がなければ、義務を課し、又は権利を制限する規定を設けることができない。

国家行政組織法（一部略）

第12条　各省大臣は、主任の行政事務について、法律若しくは政令を施行するため、又は法律若しくは政令の特別の委任に基づいて、それぞれその機関の命令として省令を発することができる。

３　省令には、法律の委任がなければ、罰則を設け、又は義務を課し、若しくは国民の権利を制限する規定を設けることができない。

　この「権利や義務を決めるときは、議会が決める法律や条例の根拠が必要。」という決まりごとの存在は、総合計画の内容をどうするか（企画）よりも、一件の住民票を出すかどうかの判断（窓口）のほうが、住民にとっては大切なのだということを示している。

　法務を学ぶ意味は、法が持っているこの「住民の権利や義務（暮らし）が何よりも大切である。」という「法的なものの考え方」を獲得することにある。法的なものの考え方を自治体のしごとに反映していきましょう、というのが自治体法務の本旨なのだ。

　独自条例を作りましょうという運動論や法制執務と裁判手続を覚えましょうという技術論だけではない。

　法的なものの考え方を身につければ、法の根拠を持つ窓口系のしごとこそが住民が望むものなのだということが、つくづく分かる。そして、むしろ企画系のしごとよりも多くの判断と工夫が必要であり、決して、「ルーティンワーク」ではないのだということも理解できる。

　企画系のしごとのように法律の根拠が必要ないものを「事実行為」と、窓口

系のしごとのように法律の根拠が必要なものを「法律（的）行為」という。「事実行為」と「法律行為」を分ける基準は、住民の権利や義務に直接関わっている事務（しごと）であるかどうかにある。

ここで、あらためて、法律行為と事実行為とを表にしてみた。

	法律行為	事実行為
生活保護の決定	○	
財産の使用許可	○	
住民票の交付	○	
税の賦課・徴収	○	
総合計画の策定		×
特産品のＰＲ		×
イメージアップ事業		×
イベントの実施		×

法律行為には「○」を、事実行為には「×」をつけている。少し、変な表現を採っているように見えるかもしれない。なぜなら、該当欄にしるしをつけるのであれば、どちらも同じ「○」というしるしをつけるのが普通なのだから。

あえて、このようにしたのは、この表を法的なものにするためだ。「○」は肯定的な意味を、「×」は否定的な意味を持つ。この表は、法的なしごとに○を、法的でないしごとに×をつけている。自治体の事務（しごと）を法的な観点から評価すれば、このような「○×表」になるのだ。

誤解のないように補足しておきたい。「×」を付したしごとが大切ではないとか、総体的な観点から見て、「○」がついている法律行為よりも重要性が劣るなどと述べているわけでは、決してない。

法的な意味合いが「○」のしごとよりも、「×」のしごとのほうが、少ないということをお伝えしている。

例えば、「×」の事実行為については、そのあり方をめぐって、住民の側に不満があっても、原則的には裁判で争うことはできない。裁判所は「却下」、

つまり、「この問題は、あなた個人の権利や義務に関わる問題ではない。だから、あなたに自治体を訴える権利はない。」と判断することになる。「×」をつけた事実行為においては、自治体からのアナウンスに「名宛人」がない。権利義務に関係ないからだ。住民は、自治体の事実行為に対して、「自分のこと」として、法的な手段を採ることができないのである。

　法律や条例を解釈適用するときには、その前に、この表を10秒間ぐらい見つめてみてほしい。法律問題を解決するために必要となる価値観が心の中に芽生えるかもしれない。

　自分の判断基準や自治体内部での政策的な評価はさておき、「法的にはこうなるのだ。」という法的な価値観を心にとめて、法律や条例の条文に当たってみると、その規定が設けられた意味が理解できたり、今までの解釈が変わってきたりする場合も少なくないと思う。

　Aさんが、自分が特別に重要なしごとを担当していると考えているとしたら、それは、法的には思い込みや欺瞞にすぎない。

　企画系のしごとと窓口系のしごとが交錯する場面がある。大きなイベントを公園で行うときには、使用許可が必要となる。まちづくりにとって重要なイベントでも、設置管理条例の許可条件に合わなければ公園を使用してイベントを実施することはできない。

　イベントで公園全体を独占的に使ってしまったら、毎日の犬との散歩を楽しみにしているおばあさんが公園に入れなくなる。子どもたちも遊ぶことができなくなってしまう。

　条例がイベントの実施において要求している許可手続は、このような住民の権利、分かりやすい言葉で置き換えるならば、「日々の暮らし」と「際物」であるイベントの実施との調整を図っているのである。

　「散歩ができなくなるくらい、イベントの実施に比べたら、どうでもいいことだ。」などと思う職員がいたとしたら、彼には、自治体職員としての資質が欠けていることになる。

IX

平等なまちづくり

1　地域における平等の実現(1)

　X市住民環境対策室での、A室長と担当職員のBさん、Cさんとの会話です。

A室長：「最近、ペット用の葬祭場や霊園があちこちにできているようだね。」

Bさん：「ペットも大切な家族ですからね。お葬式もお墓も立派にしてあげたいですね。」

A室長：「我が家にもウエスティーが3匹いるけど、本当にそうだね。

　　　　実は、うちの市でも、Y地区でペット葬祭場の建設が予定されているらしいんだ。それで、周辺の住民が猛反対しているんだよ。

　　　　先週、こっそり、日が暮れかかったころ私服で現地を見に行ったら、『建設反対！』ののぼり旗や横断幕がいくつもあって、びっくりしたよ。

　　　　昨日も、町内会長が市長のところに『建設をやめさせてほしい、何とかしてほしい。』と要望に来て、ぼくも市長に呼ばれて…。困ったなあ。」

Bさん：「ペット葬祭場を規制できる法律はないんでしょうかね。」

A室長：「建築課の課長に聞いたんだけど、建築基準法では、ペット葬祭場だからこうしなさい、というような法律上の基準はないそうなんだ。建物としての基準を満たしてさえいれば、ペット葬祭場だからという理由での規制や法的な指導はできないんだよ。」

Z市ペット葬祭施設の設置等に関する条例（一部略）

（目的）

第1条　この条例は、ペット葬祭施設の設置及び管理が適正に行われるための措置を講ずることにより、公衆衛生上、住民に与える不安を除去し、もって周辺住民の生活環境の保全に資することを目的とする。

（設置の許可）

第2条　ペット葬祭施設を設置しようとする者は、市長の許可を受けなければならない。

（許可の基準）

第3条　市長は、前条の許可の申請が次の各号のいずれにも適合していると認めるときでなければ、同条の許可をしてはならない。

(1) ペット葬祭施設の建物の床面積が規則で定める基準を超えないこと。

(2) ペット葬祭施設に係る地元町内会の世帯主全員の同意を得ていること。

（改善勧告）

第4条　市長は、ペット葬祭施設設置者が第3条に規定する許可の基準に違反しているときは、必要な措置を取ることを勧告することができる。

（改善命令）

第5条　市長は、ペット葬祭施設設置者が前条の規定による勧告に従わないときは、期限を定め、必要な改善を命ずることができる。

（許可の取消し）

第6条　市長は、ペット葬祭施設設置者が次の各号のいずれかに該当するときは、第2条の許可を取り消すことができる。

(1) 前条の規定による命令に違反したとき。

(2) 偽りその他不正な手段により第2条の許可を受けたとき。

（使用禁止命令）

第7条　市長は、次の各号のいずれかに該当する者に対し、ペット葬祭施設の使用禁止を命ずることができる。

(1) 第2条の許可を受けないでペット葬祭施設を設置した者

(2) 第2条の規定により許可を受けなければならない事項を許可を受けないで変更した者

(3) 前条の規定により許可を取り消された者

（罰則）

第8条　第7条の規定による命令に違反した者は、50万円以下の罰金に処する。

　　　　附　　則

1　この条例は、令和4年1月1日から施行する。

2　この条例の施行の際、現にペット葬祭施設を設置している者は、第2条の許可を受けたものとみなす。

Ｃさん：「Ｚ市でも住民が反対運動を起こしていたのですが、条例でペット葬祭場を規制して、解決したようですよ。」

Ａ室長：「それって、どんな条例なんだ？」

Ｃさん：「ペット葬祭場を設置する場合には、市長の許可が必要で、その区域の世帯主全員の同意を得ることを許可の条件としているんです。」

Ａ室長：「それはいいね！　住民が同意したものしか設置させないのなら、トラブルが起きようがないし、市長にも呼ばれなくて済むし、『なんとかしろ！』って、窓口で責められることもないね。いいことづくめだ。

　Ｃさん、すぐにＺ市の担当者に話を聞いて、ペット葬祭場規制条例の制定を検討するように！」

法的なものの考え方

1 条例と規則との違い

　自治体は条例を制定できる（地方自治法14条１項）。自治体の法としては、ほかにも「規則」がある（同法15条１項）。条例は議会の議決で定め、規則は長が定める。規則の成立には、議決は要らない。

地方自治法（一部略）

第14条　普通地方公共団体は、法令に違反しない限りにおいて第２条第２項の事務に関し、条例を制定することができる。

2　普通地方公共団体は、義務を課し、又は権利を制限するには、法令に特別の定めがある場合を除くほか、条例によらなければならない。

第15条　普通地方公共団体の長は、法令に違反しない限りにおいて、その権限に属する事務に関し、規則を制定することができる。

　条例と規則がどう違うかというと（同じ役割だったら、条例・規則のどちらか一つでよいはずだ。）、住民の義務を決めたり、権利を制限して許可制度を設けたりする（許可がないとその行為が行えないようにする）ことは、条例でしかできない（同法14条２項）。

　規則で義務や許可を定めるのが違法なのではなく、規則で定めても効力がな

い、つまり「無効」となる。条例は住民総会（議会）がつくるので、住民にとって最も大切な事柄である義務と権利制限（許可）を決めることができるのだ。

　住民みんなで話し合って決めたことではない義務はみんなの義務にはならないということは、もののどうりだ。町内会や自治会でも、会費を値上げするときは、総会で決める。会長一人で決めようとしたら、その地位から引きずり降ろされるだろう。

　法律の条文や法的な課題には、難しいイメージがつきまとうが、より分かりやすい言葉に置き換えれば、そこには、だれもが（小学生でも）納得する「もののどうり」が現れる。

　「大事なこと（義務）はみんなで決める。」を、地方自治法14条2項は条文にしただけだ。法律や条例で社会が回っているのだから、法務の基本的なしくみにサプライズ（「えっ!?　そうなの?」）があれば世の中がおかしくなる。

　「議会＝権利義務」の法的な公式は、その理由（議会が決めるから）も含めてしっかりと理解しなければならない。国においても、法律でしか「義務と許可」を有効に定めることができない。

　言い換えれば、条例は、義務と許可を定めることができるという意味で「自治体の法律」なのだ。

　だから、X市の課題となっているペット葬祭場の建設を規制することは、地方自治法14条2項の「権利を制限する（＝許可制度を設ける）。」に該当するので、規則では有効に規定できない。条例が必要となる。Z市ではそれを実行したのだ。

② 自治体が条例を制定できる意義

　では、自治体に条例という法を制定する権利が、わざわざ制度的に与えられている意義について、あらためて考えてみる。

　条例の意義は、「住民の意思を反映した、自治体ごとのまちづくりができるようになること」と理解している人もいるかもしれない。

　しかし、それだけでは、条例は「法（正義）」ではなく、単なる「ムラの掟（地域における多数者の都合によるきまりごと）」になってしまう。住民の要望を条文化して議会で可決すれば、どんな内容でも条例にできるという、根本的に

誤った考えにつながる。

　そうではなく、条例制定権は、「基本的人権(「人権」)」を、地域において平等に実現するための手段として自治体に与えられている。

　具体的に説明する。憲法は、「侵すことのできない永久の権利」として、人権を保障している。

　しかし、現実には、それぞれの住民の人権は、ほかの住民の人権と衝突するため、すべての人の人権を無条件に実現することは不可能だ。

　そこで、それぞれの住民の人権を平等に実現するために調整を図る必要がある。それが法律の役割である。

　例えば、財産権という人権があるので、本来、住宅業者は、自分の土地に好きなようにマンションを建てることができるはずだ。しかし、それでは、日が当たらなくなって、周辺住民の居住の自由という人権を妨げることになる。そこで、建築基準法が建築物の高さを制限している。

　重要なことは、建築基準法は、建築物の高さを制限することによって、住民が望む限りの日当たりを確保しようとしているのではないということだ。

　制限する高さを決定するに当たって、業者の「望む高さ」と住民の「望む日当たり」とは両立し得ないということを前提に、双方に我慢を強いることで、双方の人権を平等に実現できるような高さの基準を設定している。

　つまりは、法律は「痛み分け」を志向しているのだ。

　このような法律の役割の中で、ある地域においては、全国一律である法律の規定（規定がない場合も含む。）だけでは人権を平等に実現することができない地域特有の事情が発生することも考えられる。

　それを解決するには、法律に加えて、当該地域だけに新たな規制を設ける必要がある。そのために、自治体に条例制定権が与えられている。条例もまた、法律と同様に人権を平等に実現するための手段なのだ。

　条例というものの正当性・必要性を考えるに当たっては、まずは、国籍も国境もない自由に転居、移動できるそれぞれの自治体の間で、義務や許可の項目・内容が異なることがあり得る・許されるということが、普通に考えると（つまりは法的に考えると）とても例外的なこと（であるべき）だという理解が必要だろう。

　自治体が違うのだから、住民の権利や義務の内容が違うのが当たり前で、全国一律のルールで統制されていることのほうがおかしいなどと考えるのは、自治体職員として、そもそも、いかがなものかと思う。

　ほかのまちでは許されることが、自分のまちだけ条例で規制されていることについての、住民や関係者の負担に真摯に向き合ってほしい。

　「地域における平等の実現・回復」という条例の役割から考えると、Ｚ市は、ペット葬祭場規制条例を、地域の事情を解決するためではなく、別の理由で制定した可能性がある。Ｘ市は、Ｚ市条例を参考にすべきではない。

❸　条例における「立法事実」の大切さ

A室長：「ここまでの会話に、Ｚ市ペット葬祭場規制条例の担当職員は、登場していませんよ。彼らの話も聞かずに、『参考にならない。』と断定するのはおかしいじゃないですか！

　　それに、『住民が猛反対した。』という、ちゃんとした地域の事情があるじゃないですか。どうして、Ｚ市が地域の事情ではなく、別の理由で、ペット葬祭場の規制条例を制定した、と推測できるのですか！　いくらこの本の著者でも、あまりに横暴じゃないですか！」

　私は、横暴だろうか。条例は、地域における平等を達成するために制定される。したがって、条例を制定する動機となる「地域の事情」とは、「平等な人権実現のために障害となる事情」である。

　住民の要望・苦情そのものではない。A室長のいう「住民の猛反対」は、それだけでは、法的な意味での条例制定のきっかけ（立法事実）としての「地域の事情」にはならない。

　A室長の誤りの根源は、住民の要望をそのまま実現するために条例を制定しようとしていることにある。業者と住民の人権を平等に実現するためにはどうすべきか、という正しい問題意識がない。

　要望の内容を公平に評価して、単なる「地域の苦情」なのか、あるいは、解決すべき「地域の事情」に値するのかを判断するという作業から逃げている。

　そして、結果として、住民の要求を丸呑みして、条例による「地域の苦情の

解消」を図っているのである。それは、一見、民主的に見えるかもしれないが、実態は、住民の一方的な苦情に圧されて、不平等なまちづくりを推し進めているにすぎない。

Ｚ市の条例は、住民の「同意」を許可の要件にしている。そのことが地域の事情ではなく、別の理由で条例を制定したということを端的に示している。Ｚ市の担当者の話など聞かなくても、そのことが分かる。

Ｚ市には住宅密集地が多く、火葬時の悪臭の発生を防止しなければ住民生活に大きな支障が生じるという地域の事情が存在するのなら、悪臭の発生を防止・低減する装置の設置を許可条件にした条例を制定すれば、業者と住民の人権が平等に実現できるはずである。

にもかかわらず、「同意」、つまりは、住民がＯＫと言わない限り、設置させないという規定を置いているということは、悪臭云々ではなく、「とにかく住民が嫌がっているのだから、何が何でも我がまちには設置させない。」という趣旨で条例を制定したと判断するほかはない。

ペットの葬祭場がどのような要因でどの程度、住民に被害を及ぼす（おそれが）あるのかという客観的・主体的な検討作業を意図的に怠っているのである。

「同意」という規制は、申請者がどんなに努力して条件を整えても希望を実現できる保証はないという「際限のない規制」である。また、「同意」は、ある者の基本的人権のあり方を、それに利害を持つ者の私的な判断(恣意や感情)にゆだねるものである。

「同意」の規定を持った条例の存在は、それを制定した自治体が、「このまちは、住民や行政が気に入らないことをする人の人権は否定しますよ、そんな人は人として認めませんよ。」と主張していることを意味する。「人の下に人を造るまち」であるという宣言だ。

法律にない規制を条例で規定することを、条例による「法律への上書き」と呼ぶことがある。しかし、人権を否定するような条例は、「法律への落書き」であり、また、決してあってはならない「憲法への上書き」でしかない。

ペット葬祭場規制条例の附則の２項に、とても珍しい規定が設けられている。

「この条例の施行の際、現にペット葬祭施設を設置している者は、第２条の許可を受けたものとみなす。」

　法律や条例の規制は、遡って適用されない。よって、「許可を受けたものとみなす。」必要など、そもそもない。「許可を受けたことにしてあげるよ。」は、余計なお世話だ。そんなことしてもらわなくても、条例制定前に設置された施設は、条例に適合していようがしていまいが合法な施設である。みなし許可など必要はない。

　Z市において令和3年末までに設置されたペット葬祭場は、この条例に定める基準を満たしていなくても、合法な施設であり、適法な権利行使によって設置されているものだとみなされる。

　どんな法律でも条例でも施行されれば、施行の前後で、基準に合わないものと合っているものとが社会に混在することになる。大事なことは、それがおかしなことでもないし、施行前に存在した基準に合わないものが違法なものでも不適当なものでもないということだ。

　新しく施行された法律や条例に適合しないものは、確かに、物理的・政策的には課題となって目の前に現れることになる。「まだ、基準に合わないものが残っている。」という評価が与えられる。「危険な（危ない）もの」、「低すぎる・高すぎるもの」、「狭すぎる・広すぎるもの」というように。

　しかし、どれも、「法的には」正しく存在する資格があるものたちなのだ。

　では、なぜ、Z市がペット葬祭条例附則2項の「許可を受けたものとみなす。」の規定を置いたのかと言えば、おそらく、以下のようなしくみを工作（まるで図画工作の時間に粘土細工を作るように）しているのだと考えられる。

附則2項：「君も許可を受けたことにしてあげるよ！」

条例施行前の施設：「ありがとう（でもなんか変だな？）。」

附則2項：「じゃあ、君も許可を受けた施設の仲間になったのだから、ちゃんと、許可条件を守ってよね！」

条例施行前の施設：「えっ!?」

3条：「さっそくだけど、1号の構造基準に、君は違反しているよね。大きすぎるんだ。もう少し、小さくなって（削って壊して）くれる？」

条例施行前の施設：「そんなことできないよ…。」

4条：「できないのなら、『小さくなりなさい。』って、勧告するよ。」

5条：「勧告に従わないなら命令だ！」

6条:「それでも、ダメなら、許可を取り消すよ。そうしたら、君は違法施設になるからね。」

7条:「そうなったら、君は使用禁止だからね。」

8条:「禁止命令に違反して使用したら、罰則があるからね。いいね、分かったね！」

条例施行前の施設:「やっぱり、許可書なんかもらうんじゃなかった。」

　つまり、条例の許可基準に適合しない規模や構造を持った既存のペット葬祭場を操業停止に追い込もうという意図だと考えられる。言い換えれば、現在、すでに設置されているペット葬祭場の存在が、何らかの理由で（あるいは理由なく）住民の意にそぐわないので、廃止させることを目的とした条例なのだと。

　もちろん、違法だ。そんなことができるわけがない。そんなことがあっていいわけがない。

2　地域における平等の実現(2)

Episode　ラブホテルの規制

　I町で制定された旅館規制条例では、旅館を建築するに当たって町長の許可（同意）が必要であるとしたうえで、同意の基準として以下の規定を置いています。

I町旅館建築の規制に関する条例（一部略）

（目的）

第1条　この条例は、I町地域内における旅館業を目的とした建築の規制を行うことにより、住民の善良な風俗を保持し、健全なる環境の向上を図り、もつて公共の福祉を増進することを目的とする。

（同意）

第2条　旅館業を目的とする建築物を建築しようとする者（以下「建築主」という。）は、当該建築及び営業に関する所轄官庁に許可の申請を行う以前に町長の同意を得なければならない。

（同意の基準）

第3条　町長は、建築主から前条に規定する同意を求められたときは、その位置が次の各号の一に該当する場合は同意しないものとする。ただし、善良な風俗をそこなうことなく、かつ、生活環境保全上支障がないと認められる場合は、この限りでない。

(1) 住宅地

(2) 官公署、病院及びこれに類する建物の附近

(3) 教育、文化施設の附近

(4) 児童福祉施設の附近

(5) 公園、緑地の附近

(6) その他町長が不適当と認めた場所

法的なものの考え方

1 法律と条例との関係

　この条例は、主に教育環境の形成に悪いとされる、いわゆるモーテルやラブホテルの設置（実質的には営業）を規制する目的で作られた。

　ペット葬祭場を条例で規制する場合とは違って、ホテルの営業については、あらかじめ旅館業法で学校から100メートル以内は規制されている（旅館業法3条3項）。すでに規制する法律があるのだ。

旅館業法（一部略）

第3条　旅館業を営もうとする者は、都道府県知事の許可を受けなければならない。

2　都道府県知事は、前項の許可の申請があつた場合において、その申請に係る施設の構造設備が政令で定める基準に適合しないと認めるとき、当該施設の設置場所が公衆衛生上不適当であると認めるときは、同項の許可を与えないことができる。

3　第1項の許可の申請に係る施設の設置場所が、次に掲げる施設の敷地の周囲おおむね100メートルの区域内にある場合において、その設置によつて当該施設の清純な施設環境が著しく害されるおそれがあると認めるときも、前項と同様とする。

　(1) 学校及び幼保連携型認定こども園

　(2) 児童福祉施設

　I町では、法律の規制だけでは、町における人権の平等な実現が達成されないとして、条例を制定したということになるはずだ。

　このI町の旅館建築規制条例のように、同じ地理的対象に法律の規制がある場合において重ねて条例を制定したときは、多くの場合、その自治体の区域が、目玉焼きを乗せたフライパンのようなイメージになる。

　黄身の部分が法律の規制区域で、その外側の白身の部分が条例の規制区域だ。さらにその外の目玉焼きが乗っていない部分が、法律の規制も条例の規制もない区域だと考えてほしい（イメージが湧くだろうか）。

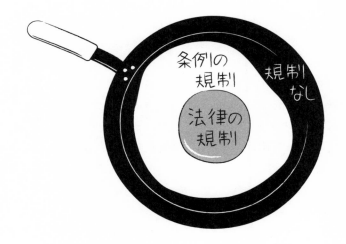

　Ｚ市のペット葬祭場規制条例の場合は、法律の規制がない対象（ペット葬祭場）に対する規制をＺ市で設けている。目玉焼き（あるいは卵料理）にたとえると、どうなるだろうか。私には思いつかないので、みなさんが代わりに考えてほしい（スクランブルドエッグか？）。

　このホテル規制条例が、町長が同意（いわゆる「許可」と効果は同じ。）しない場合として定められている距離的な制限は、３条２〜５号では「附近」とされている。

② 条例の適法性

　この条例をめぐっては、「こんな条例の規制はおかしい。法律違反（地方自治法14条２項の「条例は法律に違反することはできない。」に抵触する）だとして、同意を得られなかった事業者がＩ町を訴えた。

　その裁判におけるＩ町の主張によると、この条例の「附近」とは、あえて具体的な距離を定めずに、「判断は町長の自由裁量に委ねられている。」ものなのだそうだ。

　同意するかどうか、つまり、申請にかかるホテルを建築できるかどうかは、とにかく町長が決めるというのだ。そんな条例が、法が、ルールが、社会において成立するだろうか。

「附近」と「自由裁量」では、法の要件としては機能しないだろう。どのような条件を備えれば許可が得られるのかという予測可能性が、申請者の側に与えられていないからだ。

　この点において、利害関係者の私的な意思ではなく法的な権限を持っている者の公的な意思（行政処分）によるという違いはあるものの、ペット葬祭条例の「同意」と基本的なしくみ（違法構造）は、一致する。

　町長の裁量次第では、「附近」を「町内全域」を意味するものとして取り扱うことも可能であり（実際に、それを狙ったものであろう。）、「（子どもの教育に好ましくないので）うちの町にはラブホテルは、一切、設置させない。」という条例だと理解されてもしかたがない。

　さきほども触れたが、この条例については、町長の同意を得られなかった事業者が裁判で争った。「自身」の区域にホテルを建築しようとした業者だ。学校や保育園から600〜700メートル離れた場所だったのだが、町長は条例に基づいて（予定どおり、裁量を行使して）不同意としたのである。

　裁判では、「この条例は、その設置場所が善良な風俗を害し、生活環境保全上支障があると町長が判断すれば、彼の裁量次第で、町内全域に旅館業を目的とする建築物を建築することが不可能となる結果を招く（ので違法である）。」という趣旨の判決が出された。

　裁判所とは、まともなことを、難しい言葉で、手続きに沿って、当事者に言い渡すことがその役割である。ここでも、そうだ。

　そもそも「子どもにとっての良好な教育環境とは何か。」や「ラブホテルが子どもに与える悪影響とはどのようなものか。」をきちんと分析、把握、理解していなかったことが、I町が敗訴した根本的な原因なのではないかと考える。だからこそ、具体的な許可基準、ここでは学校からの距離が示せないのだ。

　イメージや住民感情がこのホテル規制（実質的には全面禁止）条例の立法事実になっていると思われる。許可基準をあえてあいまいにしたうえで、具体的な申請の内容を見て、住民が反対したら「適当でない。」として不同意にしようという意図を持っていると評価されてもしかたがない。

　むしろ、この条例の制定によって、「多数派が悪そうだと判断したものは、どのような手段を使ってでも排除する。」という姿勢や行動を大人が見せるこ

とのほうが、教育に悪い影響があるのではないかとすら思われる。

　Ⅰ町の大人たちが、この条例を制定することによって、「好ましくないホテル」から守ろうとしたⅠ町の子どもたちに、「周りの人が嫌がる建物は、うちのまちでは建ててはいけない、というきまりを作ったんだけど、みんなは、どう思う？」と尋ねたら、「おかしいよ！　そんないじわるなんかしないで、一緒に仲良く暮らせる方法を何か考えるべきじゃないの!?」と問い返されるのではないだろうか。

❸　法的な条例をつくるために

　ペット葬祭場規制条例やホテル規制条例のように、一部の住民の主観的な不満や苦情を解消するために、特定の施設や事業の成立を阻止するという目的を持っていることが、「法的でない条例」に共通する要素として挙げられる。

　その思考方法自体が、「条例は法律に違反してはならない。」以前の問題として、「（原始的な・構造的な）違法」だということを理解しなければならない。

　違法な条例の制定の背景には、私が知り得る限りにおいても、一定の法的な知識を持った人物の教示があるようだ。

　ペット葬祭場規制条例においては、一定の期間（撤去のために必要な期間）を開けて条例を施行すれば、条例制定時にすでに設置しているペット葬祭場にも遡及適用できる、つまりは、条例によって既存の施設も撤去させることができると、弁護士から教示を受けたとその自治体の担当者からお聞きした。

　その弁護士は、どのような説明を担当者にしたのだろうか。想像がつかない。おそらく、結論だけで説明はしていないか、説明していたとしても担当者は、その結論（「だいじょうぶ！」）しか覚えていないと思う。

　確実にいえることは、（少なくともその）弁護士は、クライアントである自治体を、民事事件における当事者のようにしか考えていないということだ。

　民間団体が訴訟に勝ったということは、「自らの利益が実現できた。」ということである。自治体の場合は、そうではない。「まちづくりの方法が間違ってはいなかった。」ということだ。「ここまで、このまちで、みんなで、やってきたまちづくりの方法について、疑問があるという人がいるようだから、おかしいかどうか（積極的な意味で、「正しかったかどうか」ではない。そのような

判断は、裁判所はできない。)、裁判所に確認してもらおうよ。」というのが自治体の訴訟の意味である。

　自治体が裁判において、「当事者（原告または被告）」となっていることは、民間団体が訴訟に臨む際の「負けたら損失を被る。どんな手段を採っても勝訴しなければ。勝訴は勝ち。敗訴は負け。それ以上でも以下でもない。」という強烈な主観的当事者意識と比較すれば、かりそめにすぎないのである。

　その意味において、住民訴訟だけではなく、自治体が当事者となっている訴訟はすべて、住民訴訟とは違う意味での「客観的訴訟」なのだ。

X

法的なものの考え方を探して

法律や条例は、法として共通の目的を持っています。それは、平等な社会を実現することです。端的に言えば、あらゆる法の目的は「平等」なのです。法は「正義」という言葉と結びつけて語られることも多いですが、その正義とは「平等」のことです。

　ですから、法律や条例を解釈するときには、それぞれの法律や条例の目的だけではなく、「（この場面において）平等（な結果）とは何か。」という問いをいつも心と頭に置いておかなければなりません。

　「平等」について考えることは、結果として、多くの人が「おかしい」と思っているのに、社会全体の雰囲気や流れの中で、誰も疑問を出せなくなっている事柄や、「みんなはそれでいいかもしれないけれど、私はどうなるの。」と不安な思いを抱えながらも、声を出せない人たちを見つける作業でもあります。

　「何が平等なのか」という価値をとおして、ものごとを考える。それが、自治体職員に必要な「法的なものの考え方」なのです。

　では。この本の最後に、自治体職員のみなさんが、日々、向き合っているいくつかの社会的な課題について、「法的なものの考え方（何が平等なのか）」で検討してみます。

　今の社会において、「こう考えるのが当然だ。」とされているものとは、「平等」の分だけ、少し違ったアプローチや結論になっています。

　どれも短くつづっています。一緒に考えながら、読んでみてください。

① 虐待の連鎖

　「子どものころ、親から虐待を受けた経験がある人は、自分が親になったら、自分の子どもにも、同じように虐待をしてしまうんだ。これを『虐待の連鎖』っていうんだよ。」という職業的な見解を、児童福祉に携わっている人たちから、何度も聞いたことがあります。

　インターネットでも、「児童虐待における連鎖（の存在）」という趣旨の記事や研究者の論文をたくさん見かけます。

　児童虐待が親から子へと繰り返されることは、児童虐待に取り組んでいる人たちや専門家の間では、確固たる事実であり、また、児童虐待の問題を解決するに当たっての前提となる基本的な認識とされているようです。

♎・♎・♎・♎・♎

　児童虐待については、児童教育や福祉の関係者だけではなく、社会全体においても関心が深まっています。

　児童虐待という、あってはならない行為が少なからず発生していて、児童虐待は、子どもの養育に関わっているかどうかによらず、誰もが関心を持つべき問題であるという認識が社会の中では共有されつつあるのです。

　自分が興味や関心を持った事柄の中で、自分に経験がなく、さらには、自分の意思によって経験の場を獲得できない（したくない）ものについては、経験者や専門家の意見を、そのまま信用する場合が多いようです。

　「虐待の連鎖」についても、多くの人が、「専門家が、そう言うのだから、間違いない。」と信じているでしょう。そして、「虐待の連鎖」という言葉を聞くたびに納得、共感し、機会があれば、自分でも使っているはずです。

　「虐待」・「連鎖」という特に難しくはない単語の組み合わせで、とても印象的な言葉として作られていることも、「虐待の連鎖」についての一般の人たちの理解を助けていると思われます。

　そうして、「虐待の連鎖」は、共有すべき真実であるという認識が、この社会の中で確実に拡がっています。それは、「虐待の連鎖」の存在を主張する必要がある立場の人たちの意図やねらいの実現でもあると思われます。

♎・♎・♎・♎・♎

　でも、「虐待の連鎖」は、専門家の見解をそのまま信用するには、重すぎる言葉だと思いませんか。

　仮にみなさんに虐待された経験があったとしたら、「○○さん、あなたは。」と名指しではないにしろ、「あなたは子どもを虐待しているはずだ。そうに違いない。」と、話も聞かずに決めつけられているのと同じなのですから。

　「虐待の連鎖」は、「児童虐待予備軍」というにも近い評価を、個別具体の検討なしに、虐待された経験を持つ人たちに与えることになってしまいます。

　そこで。本当に、「児童虐待は連鎖する。」のかどうか、福祉についての専門的な知識がない私が分析してみましょう。

♎・♎・♎・♎・♎

　まず、「子どものころ虐待を受けた経験がある人が親になると、自分の子ど

もにも、同じように虐待をしてしまう。」という「虐待の連鎖」の内包（定義）を論理的に検討してみます。

「Aの経験をした人はBの行為を行う。」ということがいえるためには、Aの経験がある人全員、それが無理でも、Aという経験を持つ人のうちの相当の部分の人たちについて、Bという行為を行ったことがあるかどうかを、調査しなければならないはずです。

多くの児童福祉関係者は、子どもに虐待をした人のかなりの割合が虐待された経験があることを、確かに実感しているのでしょう。であれば、「虐待した人（B）は、虐待された経験がある（A）。」は、根拠のない話ではないといえます。

しかし、それと、彼らが口にする、「虐待された経験がある人（A）は、虐待する人（B）である。」との間には、合理的な関連性がありません。

「Bの場合はすべてAになるから、Aの場合もすべてBになる。」という算数の授業は、だれも受けたことがないはずです。小学校の同窓会か、その予定がなければ、子どもさんの教科書で確認してみてください。

仮に、虐待している親のすべてに虐待された経験があったことが確認されたとしても、「虐待は連鎖する。」とは、論理的にはいえないのです。

「問1：あなたは子どものころ虐待を受けたことがありますか。」で「はい。」と答えた人に「問2：あなたは、子どもに虐待をしたことがありますか。」という質問をしなければ、「虐待の連鎖」は判明しないはずです。

インターネットで検索すると、実際には、「虐待の連鎖」について各種の調査が行われています。しかし、どの調査も手法が異なるようです。

すべての調査を確認したわけではないので、予断になるかもしれませんが、普通に考えて、「A（虐待された人）は、B（虐待する人）である。」を証明するに足りる「全国一斉虐待経験調査」（この調査の存在が「虐待の連鎖」の存在を実証する前提となります。）なるものは、極めて行いにくい（およそ不可能な）のではないでしょうか。

⚖ ・ ⚖ ・ ⚖ ・ ⚖ ・ ⚖

「虐待の連鎖」という言葉は、児童虐待を受けた経験がある人に対する、偏見の現れにすぎないというのが私の結論です。

　虐待を防止しようとする人たちの立場からは、「連鎖」がかなりの蓋然性で繰り返されること自体は全く根拠のない話ではないところ、「虐待は連鎖する。」というフレーズは、印象的であり、活動の目的を達成する道具として機能しやすいのでしょう。

　「（必ず）連鎖する。」ということにしたほうが、児童虐待の深刻さ、問題の深さが伝わります。世代間にわたる課題であることを示すメッセージとして、社会の関心を引くことが叶いそうです。

　児童虐待を防ぎたいという「思い入れ」と「虐待した人⇔虐待された人」という「思い込み」が、「虐待は連鎖する。」という言葉を生み出していると考えられます。

　あるいは、その「思い込み」は戦略であり確信犯であるかもしれませんが。

　専門家は、「○○は××である。」という公式のようなものを作（×つく）ろうとします。研究成果として評価されやすいからでしょう。

⚖　・　⚖　・　⚖　・　⚖　・　⚖

　それでも、「『虐待は連鎖する。』と考え、それをアナウンスすることには、児童虐待の防止にとって効果があるではないか。」という反論が出てきそうです。実証が十分にはなされていなくても、結果として、「虐待の連鎖」という考え方やフレーズは、とにかく社会の役に立っているではないかと。

　では、児童虐待の防止につながるかどうかという政策的な視点や目的は、とりあえず横に置いて、今度は、法的な、人権的な観点から「虐待の連鎖」について検討してみましょう。

　仮に、（すでにそうなのかもしれませんが、）「虐待は親子間で連鎖する。」という確固たる認識が社会に定着したとします。児童虐待を防止しようとする活動をしている人たちの「成果」です。誰もが「虐待の連鎖」を「事実」として共有している社会です。

　ここに深い恋愛関係にある男女がいます。ここしばらく、そのような関係を持ったことがないので、うまく描写できませんが。

　今日一日だけではなく、明日までででもなく、今度の土曜日までででもなく、ずっと先のことも、二人は約束しています。

　互いに、この世の中で一番信頼していますから、付き合った期間に自分の過

去についてのいろんなことを、隠すという意識すらなく話しています。

彼女は、「私は子どものころお母さんに無視されて育ったの。とても、つらい子ども時代だったわ。毎日、泣いて過ごしていたの。」と、ときどき彼氏に話していました。

来る日が来て、二人はいよいよ結婚することにしました。彼は彼女についてのあらましを、両親に話します。虐待を受けていたことも。両親は反対します。「子どもができたら、○○さんは子どもに虐待をする。間違いない。『虐待されて育った人は自分の子どもにも虐待する。』って、いうじゃないか。テレビでえらい先生も『虐待の連鎖を断ち切らなければ。』って言っていたぞ。

○○さんが努力してもどうしようもないことなんだ。絶対に虐待してしまうんだ。虐待された人は。生まれてくる子どもがかわいそうだ。

私たちも、お前が自分の子どもが自分の妻から虐待されることで、悩み苦しむのを見てはいられないよ。頼むから、虐待されて育った人なんかとは、絶対に結婚しないでくれ。」

⚖ ・ ⚖ ・ ⚖ ・ ⚖ ・ ⚖

確実な根拠がない事柄、つまり、「真実ではない（あるいは真実であるとは言い切れない）事柄」を「真実」であるとアナウンスすることも、社会全体にとって良い結果や効果をもたらすのであれば、悪いことではない、むしろ、社会的な課題を解決するためには必要かつ正しいことだ、とする考え方があるようです。運動論的な活動に関わっている人に、特に顕著な傾向です。

しかし、真実でないことは、必ずどこかの誰かを傷つけることになります。虐待を受けた経験がある親から虐待を受けた子どもは、「虐待の連鎖」という「真実」の推定的な被害者です（連鎖してそうなったのか、虐待した2人がたまたま別の要因で虐待を行ったのかは分からないのです）。

一方、件のカップルは、「虐待の連鎖」という「言葉」の確実なる犠牲者です。

虐待された経験のある親から虐待されている子どもは、「虐待の連鎖」に関する専門的な知見によって、これから救われるかもしれません。「虐待の連鎖」は、そのために「真実」であるとして、社会に広められたのですから。

しかし、このカップルは、「虐待の連鎖」という言葉から、何も与えられるものはないのです。

⚖　・　⚖　・　⚖　・　⚖　・　⚖

　ここで、そもそものお話をします。仮に全国民に対して虐待の経験を尋ねたうえで、「虐待の連鎖」が100％実証されたとしても、「虐待をされた人は虐待をする。」などとは、決して、考えるべきではありません。

　調査や研究によって、「虐待の連鎖」が証明されたとしても、それは、「虐待は連鎖した。」ことが確認されただけであって、「虐待が連鎖する。」のかどうかは、だれにも予断は許されないはずです。

　「ある経験を持っている人は確実にこういう悪いことをする。」は、その人がこれから自分の努力で切り開いていこうとしている将来に対する否定です。言い換えれば、人格やその人そのものの存在の否定です。

　過去に100人のうち100人がそうなったとしても、今度の「ひとり」は101人目にはならないかもしれません。それは、一人ひとりの意思と行動が「これから」決めることなのです。これが、「法的なものの考え方」です。

　だれも、予測できませんし、予測すべきことではありません。

　過去における特定の人たちの行動を通して、その人が同じことをするという予断を持つことは、その人の意思を無視し、将来を失くさせることになります。

　人には、そうならないこと、ならないという意思を持つこと、そして、ならない人として扱われる権利があるのです。たとえ、結果としてそうなったとしても「それ見たことか。」などと言われる筋合いはないのです。

⚖　・　⚖　・　⚖　・　⚖　・　⚖

　子どものころ虐待された経験を持つ人の中には、そのつらく悲しい経験を乗り越えて、さらにはその経験を糧に「自分の子どもには自分のような経験は絶対させないぞ（させないわ）。」という気持ちで子どもと向き合っている人や向き合おうとしている人がたくさんいるはずです。

　その人たちに対して「虐待の連鎖」という言葉が、どのように響くかも考えてみるべきでしょう。

　常識的な感覚でいえば、虐待された人のほとんどは、自分の子どもには虐待をしていないと考えられます。「虐待の連鎖」は、そのもととなっている人間観にいびつさを感じます。人とは、それほど単純なものではないと思われます。

　「『虐待の連鎖』は政策的に役に立っているではないか。」という反論は、法

的なものの考え方の前では、私は答える必要のないことだと考えます。突き合わせる意味がありません。「そういう話をしているのではない。」、「もっと、ずっと、大事な話をしている。」のですから。

　しごとにおいては、「法的なものの考え方」は、みなさんの心のどこかに置いておいて、政策を立案するとき、政策が効果を挙げているときに（そのときにこそ）、ときどきそこから出してみてください。

　そうすると、多くの人が見落としているかもしれない人や場所を照らすことができます。

❷ マタニティー・ハラスメント

　社会において、妊娠している女性に対する無理解な言動が課題となっています。いわゆる「マタニティー・ハラスメント（マタハラ）」の問題です。

　そして、現在におけるマタハラを許すべきではないという主張には、全く意義を挟む余地がないような気がします。

　でも、「忙しいのに、また、育休を取るのか？」がマタハラであるのなら、何の気配りもなく、妊娠したことを職場で嬉々として披歴したり、出産後に赤ちゃんを職場に連れて来たりするのも、マタハラだと思いませんか。

「マタハラ」をなくして社会を良くしようとしている人たちが作り出した「マタハラ」においては、不妊に悩む女性や、子どもが欲しくてもそこに至らない人たち（妊娠は自分だけの力や意思ではどうしようもないことです。）の気持ちが、やや忘れられているようです。

自分が一番欲しいものを、（見せられる必然もないのに）目の前で見せられて、周りがそれに祝福している時間を、どのような気持ちでやり過ごしているのでしょうか。

今の社会の状況においては、育休を取得したい職員や妊娠・出産としごとを主観的に両立しようとする職員は、それを阻む、あるいは、批判する人に対して、堂々とそれがハラスメントであることを主張できます。それを支援、応援する人も、すでに周りにたくさんいます。

しかし、不妊に悩む職員は、産休や育休を取得した職員に「私の気持ちも考えて、行動してほしい。」とは、とうてい言えない状況にあるのです。

社会はいつも「こう」なのです。

⚖　・　⚖　・　⚖　・　⚖　・　⚖

私のいう「これもマタハラではないですか。」に対して、「マタハラとはそういうものではありません。マタハラというのは…。」という「返し」をする人がいます。必ず。

私は、マタハラの定義についてお話ししているのではないのです。「育休を取得する職員に対して理解を示さないのと同じくらい、不妊について配慮のない言動をする職員は人を傷つけているのではないですか。」という問いかけをしているのです。

それは、結論ではありません。問いかけです。「あのことも、考えてみませんか。」と、ご提案しているのです。考えること自体に意義があるのです。

そして、いつも、「そのことを考える。」だけではなく、「あのことも考える。」という習慣を社会が身につけるべきなのです。それが「法的なものの考え方」です。

まさかとは思いますが、次の世代を担う子どもを育てることになる人は社会で支えなければならないが、不妊に悩む人の気持ちを考えても社会に利益はないと、多くの人は思っているのでしょうか。

子育ての社会的な意義を考えれば、「それくらいのこと」は、当然、我慢すべきだと。取るに足らないことなのだと。「不妊治療の補助制度があるではないか。」という心の理解も頭脳による理解もない人の声が、遠くから聞こえてきます。

⚖・⚖・⚖・⚖・⚖

　「（その）人（の人生）」という視点で考えれば、妊娠よりもはるかに不妊のほうが重いのです。妊娠・育児についてのハラスメントよりも、不妊に対する無理解のほうが、人権的には、つまり、法的にはより大きな問題だと考えられます。

　「人を大切にする。」という法的な視点からマタハラの問題を捉えている人と、育休取得の困難さなど、妊娠や子育てをしている人の立場や社会における次世代を育成することの必要性からマタハラを問題視している人とでは、どこかが違うのです。

　本質的な正しさを身につけず、ただ自分が関心を持った理不尽に対して近視眼的に憤って、それだけを解決しようとしても、必ずほかのだれかを傷つけることになります。

　そして、その憤りや問題意識は、法的な意味での（本当の意味での）「正義感」とはいえないのです。

❸ 空き家対策

　壊れそうになっていたり、住むことができなくなったりした空き家を撤去するための補助金が、多くの自治体で設けられています。

　この補助制度は、危険な空き家や犯罪・非行の場になりかねない空き家の問題を解決するための政策として、成果を挙げています。それは、間違いのない事実です。この空き家対策補助金の（政策的な）効果の存在について、まずは、ここでしっかりと確認し、認めておきます。今後も、この事業は継続されるべきでしょう。

　でも、補助金の原資は税です。その中には、家を持つことなど、当面は（あるいは結果として生涯）叶わない経済状態にある住民が納めた所得税や住民税が含まれています。

　仮に、税金をあらかじめ徴収するのではなく、事業を実施するごとに「今度、空き家対策のために撤去の補助金制度を作ることになったので、みなさんから、100円ずつ集めま～す。」と集金して回るやり方に変わったとしたら、公営住宅に住んでいる人たちから払ってもらえるでしょうか。

　それ以前の問題として、みなさんが担当者だったら、集金のために各住戸のベルを押す勇気があるでしょうか。ドアが開いたとしても、訪問の趣旨を伝えたとたん、怒りを通り越した笑いをもって迎えられるのではないでしょうか。

　新築したときには得意満面で新築祝い（最近では、餅撒きはしないようですが。）をして、住めなくなったら撤去費用が税金から補填される。

　果たしてそれが正義（平等）なことだといえるでしょうか。「正しいこと」と「必要なこと」とは別のものなのです。

❹ 貧困問題

　大学や高校に入学する際には、試験があります。思い出したくもないでしょうが。私は、試験なんかやめて、容姿で合格者を決定してはどうかと考えています。なぜなら、それが、合格者を決めるのに最も平等（正しいこと）だと思うからです。

「とんでもない！」とか「また、あなたですか。」などと決めつけずに、今からその理由を、私なりに言葉を尽くして、誤解されることを十分に恐れながら、丁寧に説明しますから、とりあえず最後まで聞いてみてください。

そのうえで、私について、あなたが思っているような人かどうか、判断してみてください。

⚖ ・ ⚖ ・ ⚖ ・ ⚖ ・ ⚖

入試に限らず、努力で得たもので人を評価すべきという意見は、とても聞こえはよく、穏やかに思えます。また、それが、平等な社会の姿であるかのように感じられるでしょう。

よって、だれでも猛勉強などの努力で獲得できる（可能性がある）、試験の点数が、入試における合格者を決める最も平等な基準だと、形式的には考えられます。

しかし、現実には、学校の授業や家庭での勉強だけでは、なかなか入学試験に合格することは難しいようです。授業とは別に、それを受けなければ入試における成功はとうていおぼつかないとされる、特別な訓練が存在するとお聞きしています。

そして、その訓練の機会を得るには、どんな家庭でも負担できるというわけではない多額の費用がかかります。

仮にこの「特殊訓練」なしに、自力の勉強だけで合格する可能性があるとしても、置かれている家庭環境がそれすら許さない子どもたちもいます。勉強どころではない子どもにとって、入試に合格することは、未だ目標ですらありません。

受験勉強だけではなく、望む職業に就くためにも、相当の費用がかかります。ちなみに。自治体職員になるための「特殊な訓練」もあるようで、その費用も決して安価ではないと、採用された多くの人からお聞きしています。

⚖ ・ ⚖ ・ ⚖ ・ ⚖ ・ ⚖

結局、合格するための努力とは、狭義の努力（本来的な努力）に経済力を加えたもの（広義の「努力」）を指すことになります。

受験勉強のための努力を、効果的に、惜しみなく気兼ねなく行うことができるには、一定水準以上の経済的な環境に恵まれていることが、絶対的な条件と

なっているのです。

　今、社会における経済的な格差は大きく、構造的になっています。いわゆる貧困問題に解決の兆しは見えません。貧困な家庭に生まれた子どもは、才能があって努力をする意欲を持っていても、高校や大学に入るために必要な「努力」ができないという事態に陥っています。

　一方で、今、恵まれている場所にいる人たちにとっては、自分がその場所に居続け、さらには、自分に近しく、自分が経済的な環境を用意してあげられる人がその場所を獲得するためには、努力が「努力（＋経済力）」であったほうが、とても都合がよいと思われます。

　また、それを繰り返していくうちに、確固たる経済的な生活基盤を持つ人の子息が統計的・確率的に備えることになると思われる性格や個性を生かすことに、努力が「努力（＋経済力）」であることが、より親和的になっていくはずです。

　貧困問題における根本的な課題は、それを問題として捉えていない（捉える必要がない、むしろ、問題にしないほうがよい）人たちがいるということにもあるのです。

⚖　・　⚖　・　⚖　・　⚖　・　⚖

　貧困問題が解決しない実際の社会の現状を踏まえると、実質的に見れば、才能でも努力でもなく「経済力」で人の評価を決めていることになり、入試の点

数で合格者を決めることは、平等とは言い切れないのです。

　貧困の家庭に生まれた子どもは、才能を持っていても、努力がしたくても、今いるその場所から抜け出せないことになってしまいます。それが平等でないことは明らかです。

　形式的には、入試における平等は努力と結びつきますが、実質的には、「努力次第」は平等ではないのです。

　「人的な特性は社会の問題であり支援が必要だが、経済的な問題は自己責任である。」という、ときどき語られる一見、説得力のありそうな見解には、浅はかで、足りないものがあります。

　現在において、経済的な格差の問題は、男女差別、ＬＧＢＴＱ、アスペルガー、ハラスメントなどと同じ「人的な課題」であり、「人権問題」なのだということが確認されるべきなのです。

⚖ ・ ⚖ ・ ⚖ ・ ⚖ ・ ⚖

　昔は、今日ほどには経済的な格差が入試の成否を左右しませんでした。受験のための学習塾や予備校に通うことが、一般的ではなかったからです。努力にかぎかっこがついていなかったのです。

　そんな時代のテレビアニメやドラマには、貧しい家庭に生まれたものの、魅力ある才能にあふれ、標準化・手続化された高額な合格システムの購入ができなくても、アナクロな努力をひたむきに続ける主人公の成功が、盛んに描かれていました。

　自分が決して主人公と（人格的・能力的な部分のみが）重ならなくても、見ていてとても良い気持ちになりました。それは、人としてあるべき価値観からくる素直な心の動きでしょう。

　また、そんなサクセス・ストーリーは、昔は実際のできごとでもありました。そんな素敵ながんばりやさんが、たくさんいたのですよ。そして、社会が彼らに拍手を送っていたのですよ。かなり前までは。

　「がんばりやさん」の活躍の場を失くし、がんばりやさんにとって、とてもいじわるなしくみをつくって、がんばれないようにしてしまう社会が到来しているようです。

　キャンディよりもイライザが、セーラよりもラビニアが輝く社会でしょうか。

才能を発揮して、がんばられると困る、がんばったか、がんばらなかったかで選別されると困る人たちがいるのです。がんばりやさんにその場所を奪われたり、自分の好む人間にその場所を譲れなくなったりする人たちが。彼らの焦りが社会の不平等を拡げつつあります。

　本当の妬みややっかみは恵まれていない人の心ではなく、恵まれている人たちの心の中にあるのだと私は思います。

⚖　・　⚖　・　⚖　・　⚖　・　⚖

　だから、いっそのこと、容姿で決めてはどうかと思うのですよ。容姿は生まれた場所が豊かであるか貧しいかには関係ないのですから。

　私が本当に言いたいのは、「容姿で人の優劣を決める。」というおよそあってはならない基準で合格者が決められてしまうことよりも、一部の子どもたちを取り巻く進学の現状は、もっと惨いということなのです。

　貧困問題の解消・改善の視点を伴わない政策は、その政策が直接意図するところではないにしろ、結果として、かつては存在していた貧困から抜け出す機会を一部の人たちから奪い、経済的な格差を親子孫単位で固着させることになってしまうのです。

⚖　・　⚖　・　⚖　・　⚖　・　⚖

　最後に。貧困の問題は、貧困家庭に生まれた子どもたちだけの問題ではありません。「本当の能力」を持って生まれ、さらには、それを磨くための「本当の努力」を重ねることができる人格を持った人物を必要としているはずの、今の社会にひずみをもたらします。

　経済的に恵まれた家庭に、優秀な子どもが生まれるなどという必然性はどこにもないのですから。

　貧困家庭の子どもたちを実質的に入試から排除して、その先の道を閉ざしてしまうことは、有能な人物の代わりに、そうでもない人を社会の重要な場所に置いてしまうことに確実につながっています。

　偏差値と呼ばれる指標が高いとされている大学からの採用が多い団体・企業において、多くの人が、仮に（あくまで仮に）、「最近の新採は…？」と感じているとしたら、それは、決して、思い過ごしでも、理由のないことでもないと思うのです。

⑤ 憲法解釈

日本国憲法

第９条　日本国民は、正義と秩序を基調とする国際平和を誠実に希求し、国権の
　　発動たる戦争と、武力による威嚇又は武力の行使は、国際紛争を解決する手段
　　としては、永久にこれを放棄する。

２　　前項の目的を達するため、陸海空軍その他の戦力は、これを保持しない。国
　　の交戦権は、これを認めない。

　ときどき話題になる、いわゆる「9条」です。自衛隊などがこの条文に抵触
しないかどうかが議論になっています。
　①まず、言葉どおりに読めば、自衛隊は「戦力（2項）」なのだから、自衛
隊を設置していることは憲法違反（違憲）だということになりそうです。
　②しかし、「戦争や武力の行使によって国際紛争の解決を図らない。」という
目的（1項）の達成のための「戦力は持たない（2項）。」とされているところ、
「国際紛争」とは双方が積極的に戦っている場合だけを指すのであり、一方的
に侵略されそうになったような場合は含まないと考えれば、自衛のための戦力
の保持はこの条文には無関係であることになります。
　③さらに。そもそも、侵略に対して抵抗することは、国が国である限り当然
のことであり、条文にどのように規定していようが、自衛（のための軍）隊で
ある場合は、合憲であると考えることもできます。
　②や③の考えにおいては、自衛隊のありようがその範囲に収まっているかど
うかも議論の対象となるでしょう。

⚖ ・ ⚖ ・ ⚖ ・ ⚖ ・ ⚖

　ここで、「○○と考えれば。」というのは、そのように論理展開すれば、その
ような結論を導き出せるという意味そのもの（理屈）を指しているのではなく、
何らかの戦力が国というものには必要であるという目的意識から「そう読むべ
きだ。」、「そう読めばそのような結論が導き出せる。」という意味です。
　この問題に限らず、法律論とは、言い方として「こう読める。」、「いや、読

めない。」という表現を発言者は用いますが、読めるとか読めないとかを問題
としているのではなく、人や社会に対して人や社会はどうあらねばならないか
について、条文を手がかりとして意見を戦わせているのです。

❻ パワハラ

　パワハラをしたり、必要以上に強い指導を行ったりすることは、その行為に
至る事情がどのようなものであっても、間違ったことだという認識が、社会全
体に、そして、自治体の職場でも定着してきています。

　大まかに言えば、「論点をつかむのが苦手」、「具体的な表現で示さないと理
解できない。」、「こだわりが強い。」というようなタイプの人にとっては、気持
ちよくしごとをして主観的な満足を得ることができる職場環境が、ようやく整
いつつあるということなのでしょう。

　話を進めるうえで、ここでは彼らを、とりあえず「まじめすぎる人」と呼ぶ
ことにしておきましょう。

⚖ ・ ⚖ ・ ⚖ ・ ⚖ ・ ⚖

　私が係長だったときの上司で、「君は説明が長い。時間がかかりすぎる。今
度の委員会ではもっと端的に説明するように。」と、そのまた上司から指示さ
れた役職者がいました。

　私も、課長の説明について、いつも「長いなあ〜。」と思っていました。も
ちろん、長いこと自体が悪いわけではありません。長く説明する必要はない場
面で「長い」のです。より表現的には「永い（いつ終わるのか心配になる。）」
でしょうか。

　原因は、資料がやたらと多く、さらには、その資料のすべてを詳細に説明す
る（要するに資料を全部読む）ことにありました。

　部長の指導を受けた直後の委員会当日。彼は、資料を減らすことを全くしま
せんでした。そのうえで、いつもの倍のスピードのしゃべり方（猛烈な早口）で、
「説明時間を減らす。」という課題をクリアしたのです。

⚖ ・ ⚖ ・ ⚖ ・ ⚖ ・ ⚖

　このエピソードや似たようないくつかのできごとを経て、私は彼こそが「ま
じめすぎる人」の代表例だと思っていました。上司の指示の意味が論理的には

理解できても、会話として理解できていないのだろうと。

　しかし、この前の日曜日に、テーマパークのメリーゴーランドを見ていて、ふと、なぜか彼のことを思い出したとき、そうではなかったのかもしれないと考えました。彼は確信犯だったのではないかと。

　彼の心の中は、「簡潔に説明するなんて手抜きだ。時間をかけて資料の説明をすることのほうが、絶対に正しいのだ。部長は何も分かっていない。自分がしっかりしなければ、委員会はだめになる。」だったのではないか、そして、彼は「まじめすぎる人」ではなく、「勘違いしている人」だったのではないかと。

　「まじめすぎる人」も「勘違いしている人」もどちらも、「場に応じて分かりやすく人に伝える（要するに「伝える」）。」ことが苦手なのは同じです。

　でも、「まじめすぎる人」は、それがしたくてもできないのですが、「勘違いしている人」は、伝えることよりも延々と資料をていねいに読むことのほうが、さらには、しごとというものは、じっくりと時間をかけることが、いつでもどこでも定性的に正しいと本当の気持ちで考えているのです。

　「目的」ではなく「（その場その場の）そのこと自体」を大切にしてしまうのでしょう。この手の人は、絶対数としては少なくはないのかもしれません。

⚖ ・ ⚖ ・ ⚖ ・ ⚖ ・ ⚖

　遊園地でのその後、私は、今度は観覧車を見ているうちに、また、なぜか別の考えが浮かびました。勘違いでもないのではないか。彼は自分の欠点を意図的に合理化していたのではないかと。

　彼は、本当は伝えることが大切だと分かっているが、それを認めると伝えることが苦手な自分のプライドが傷つく。そこで、「簡潔に説明するなんて手抜きだ。時間をかけて資料の説明をすることのほうが、絶対に正しい。」ことにしようとしているのではないかと。

　「伝えること」に限った話ではありません。自分ができないことに正面から向き合って取り組もうとはせずに、できないことを「すべきでないこと」にすり替えて、合理化する人がいるようです。この合理化（負け惜しみ）装置さえあれば、結果として、「（いつでも、どこでも、どんなことについても）私は正しい。」となります。

　この装置は、いったん設置してしまえば、定期点検不要で、いつでもフル稼

働できるようです。燃料は「従いたくない指示」、「苦手なしごと」、「自分より
もうまくやっている人の存在」、「自分にとって不愉快な職場の雰囲気」、「昔の
イヤな思い出」などです。

　どれも、しなやかな心を持っていれば、何も感じないかあるいはすぐにやり
過ごせるような、取るに足らない事柄です。

　そのしなやかな心は、人生のどこかで本当の愛情を受けた経験か本当の称賛
を受けた経験、つまり、「ほかのものとは比べられない自分だけに与えられた
大切なもの」さえ、その手の中にあれば自ずと形成されるはずです。

⚖　・　⚖　・　⚖　・　⚖　・　⚖

　ですから、彼の「勘違い」は意図的です。そうすると、「勘違いしている人」
よりも「（負け惜しみの強い）勝気な人」の呼称がふさわしいでしょう。

　私が想像する当時の課長の心の中にある「細かい説明をすることが正しい。」
という考えは、おそらく、「要領良く資料を作成して端的に説明することがで
きない。」という、自分の能力についてのコンプレックスに対する素直でない
反応がその起点になっています。

　そして、「資料の説明こそが生きがい。楽しい。この時間は私のもの。絶対
に短縮しないぞ。」が終点です。先はありません。あとは、車庫です。

　「まじめすぎる人」も「勘違いしている人」も、そして、「勝気な人」もその
「こだわり」がクローズアップされますが、「まじめすぎる人」のこだわりは彼
自身がどうしようもない事柄であるのに対し、「勝気な人」のこだわりは彼の
選択です。

　そして、「勘違いしている人」や「勝気な人」は、「まじめすぎる人」の外形
を持っています。こつこつ不器用にやや察しが悪くまじめにしごとをしている
ことは共通しています。

　でも、「まじめすぎる人」の心の中には、不安や申し訳なさも含まれている
と思いますが、「勘違いしている人」の心の中には（勘違い以外の）何もなく、
「勝気な人」の心の中は自負心と不満で満ちています。

　「勝気な人」は指導や批判にさらされると、本来は「まじめすぎる人」のた
めに用意されたはずの評価やシステムを利用し、その中で、自らを正当化しよ
うとします。

確かな目的を設定して制度をつくっても、形式的な要件に当てはまってしまえば、その目的の対象ではない人が制度の効果や利益を得てしまうことは、なかなか防げませんね。みなさんにも経験があると思います。

　ただ、それによって本来、救済されるべき人（ここでは、「まじめすぎる人」）が救済されなかったり、本来的な利用者でない人（同じくここでは「勝気な人」）と同様の見方をされたりすることは、何とか防がなければなりません。

　とっても、難しい課題です。解決のきっかけさえも見えてはきません。でも、心ある人たちと、取り組んでいかなければなりません。

７ 職業の価値

　法務の研究会に参加することがあります。私自身がお世話をしている勉強会もあります。そう、多くはありませんが、月に５回くらいです。

　研究会にはいろんな人が参加します。背が高い人、低い人、太っている人、痩せている人、瞼が一重の人、二重の人、親に家を建ててもらった人、ローンに苦しんでいる人、みんなそれぞれの法的な立場から、さまざまな意見や考えを持っています。

　みんな、個人的な思い入れや都合を社会的な主張にうまくすり替えて、つかみ合いにならない程度にえらそうな議論を交わします。やはり、人は自分が置かれている社会的な状況や経験（してしまったもの）に沿って、意見を言うもののようですね。「人」によりますが。

⚖・⚖・⚖・⚖・⚖

　勉強会や研究会と似ていると言えば似ているものに、会議や説明会があります。こちらは、しごととして行うという性質が違いますが、何かをみんなに伝えて納得させるという形と部屋に集まって行うという形が似ています。

　私は会議や説明会のたびに、「資料１は…資料２は…。」と資料ごとに説明していくことに違和感を持っています。資料を説明するのではなく、資料で説明しなければならないはずです。

　だから、会議が思う方向に進んでうまく終了してしまいそうになれば、その時点以降は、用意した資料など触れる必要もない（触れてはいけない）と考えます。余計なことをすると雲行きが変わります。

　せっかく作った資料だから、会議で少しでも披露したいなどというのは職業人（プロ）の考えることではないでしょう。親戚か知り合いの娘さんのピアノの発表会に動員された時のような気分にさせる発言や説明は、会議では控えたほうがいいかもしれません。

　一方で、「ぼくは、資料はなるべく作らないことにしているんだよ。今どき、資料をたくさん作るなんてそもそも…。」などと資料を減らしていることをアピールする職員も「おかしい」と思います。大事なのは結果を出して、なるべく早く家に帰ることですよね。

⚖・⚖・⚖・⚖・

　話を研究会や勉強会に戻します。稀に、研究者が加わることがあります。普通の職業人よりも深くゆるぎない個性を持っています。

　研究領域についての自負があり、「まじめで、勘違いする、勝気な人」が多いので、自分の知識のうち、研究によってしか獲得できないものと、一般的な社会人であれば、いちいち学問的に習得しなくても自然と身についている知識との線引きができないようです。

　だから、自分の持っている知識のどの部分が「真水」なのか分からず、話がくどい傾向があります。相手は、アルファベットすら知らないのだという前提で、英国の言語について、くどくどと話を始めます。もちろん、「人」によりますが。

　研究会が夜遅くなることもあります。そんな時は、自分の車で家に帰ります。夜間は道路工事も多く、夏の暑い中、また、冬の寒い中、通行規制のために誘導を行っている現場作業員の人たちを見かけます。

　彼らがいなくなれば、たちどころに、社会のみんなが困ります。工事現場での誘導は、彼にしかできないことだとはいえないでしょう。でも、彼は絶対にそこにいてくれなければなりません。「人」には関わりなく。

　一方で、私が、ついさっきまで参加していた研究会での研究者の意見は、たぶん、彼にしか言えないこと（自分の研究なのですから当然なのですが）ではありますが、彼（の意見）がいなくても（なくても）社会の機能に、とりあえず影響はありません。これも、「人」には関わりありません。

　誰かがやらなければならないことを確実にやっている人こそ、社会の役に

立っていると、法的には（平等でよどみのない偏見のない見方からは）考えられるのです。

　人にできないことをやっている（ように見える）人は、私たちの心の隙間（不満や不安）に入り込みます。だまされないように、早起きをして、朝ご飯をちゃんと食べて、適度に運動をして、人の話を聞くようにしましょう。

⑧ 職場の人間関係

　毎日、いろんな出来事があって、落ち込むこともあるでしょう。誰かに話を聞いてもらえると、気は落ち着きます。

　でも…。「大丈夫？」という優しげな言葉をかけながら、頬を寄せてくる人にろくな人はいません。このことは、しっかりと覚えておいてください。

　他人が落ち込んでいるのを見て、自分の幸せを確認し（そのようにしなければ幸せが実感できない人です。）、ひそかに面白がっているだけだと思います。

　家に帰れば、あるいは、実家に帰ったときに、母親に（彼らの気の合う話し相手は常に「母親」みたいです。）「こんな人がいて、私が話を聞いてあげたのよ！　私に、とても感謝していたわ。私がいないと生きていけないのかもしれないのよ、彼女は。最近は、頼りにされすぎて、ちょっと、困っているの。」、「そ

うなの。良い功徳をしたわね。」などと二人からネタにされているはずです。

　人の心のトラブルに関わろうとする人は居場所のない人間です。話を聞いてもらっているようで、実は、彼らを助けていることに早く気づきましょう。

　彼ら（彼女ら）は、「気をつけたほうがいいわよ。」、「止めたほうがいいかもよ。」という方向の話（自称、「アドバイス」）ばかりします。みなさんをその場にとどめようとします。相談されやすい環境の保持です。

　積極的な話をするために必要となる「何らかのもの」を与える能力がないこともその理由です。前向きな話をするのは、「（その人、その事柄を）許すべきではない。（もっと）攻撃すべきだ、困らせるべきだ。」という類の意見を言う時だけです。

　「困っている人がいないと困る人」なのです。幸せな人を見るのが辛くて、怖くて、狂おしいばかりに妬ましい人たちが世の中にはいるのです。とっても、残念な人たちです。幸せに満ち溢れている方向には、首が曲がらないのです。心がヘルニアなのでしょう。

　自分が努力して這い上がろうとはせずに、トラブルを抱えた人を見て自分はまだ幸せだと感じることが生きがいなのです。

　関わり合いになってはいけません。

　心ある上司の少し(?)厳しい指摘に落ち込んで、「ひどい係長ね。私が話を聞いてあげる。」などと近寄ってくる心さみしい人の明日への活力に成り下がらないようにしましょう。

　あなたは、そんなつまらない人ではないはずです。

　だれが本当に自分のことを考えていてくれるのか、見極める力を持ちましょう。「心からあなたのことを考えている（と自称している）人」ではなく、「あなたのことを（別に好きでも嫌いでもないけれど）考えざるを得ない立場に置かれている人」をしっかり頼ってください。そして、その人との関係を大切にしてください。

　社会において、人は「立場」を全うすることによって、自分を、そして、他人を幸せにできる存在なのです。

⑨ 性的指向

　いわゆる「ＬＧＢＴＱ」は、性的指向だとされています。ということは、ＬＧＢＴＱの問題というのは、この私にとっては、まずは、「女性が好き。」な自分とは違った性的な思いを持った（生物学的な意味での）男性もいる事実を認めることができるかどうかという、課題を意味することになります。

　Ｇ（ゲイ）の人が持つ「男性が好きな男性の気持ち」を理解することは、私には無理です。努力しても、それはできないと思います。もっとはっきり言いましょう。理解できません。私は、性的には女性だけが好きだからです。

　でも、自分の性的指向を否定された人の気持ちに思いをめぐらし、ＬＧＢＴＱについての理解につなげることはできそうです。

　仮に、大多数の男性の性的好みが男性であり、女性が好きだと言い出せない、女性と付き合うことが、とうていできにくい社会がここにあるとしたら、自分がどれだけ生きづらいかは、十分に想像できます。

　ゲイの人がその状況に置かれていると考えれば、「男性が好きだと言えない男性の気持ち」、つまり、「自分の性的指向をはっきりと言えない人の気持ち」は、私にも理解できるのです。

　「その人の立場そのものに立って考えること」はできなくても、「その人の立場を自分の立場に置き換えて考えること」はできると思うのです。

⑩ インターネットでの「批判」

　違法行為やモラルに違反する行為、あるいは、さまざまなハラスメントに該当する行為を行った人に対して、インターネットで「これでもか。」と心無い言葉で袋叩きにする記事を見かけます。

　時に、氏名や住所などを暴き出して、さらし者のようにするその「やり方」は、批判の対象となっている人の行為に倍する恥ずべきものです。

　私は、「記事」を書く彼らについて、疑問が３つあります。１つは、彼らが過去においてどんな人に育てられどんな経験を持っているのか、２つ目は、現在においてどんな人とどのように関わっているのか、そして、最後の３つ目は、将来（そのもの）が彼らにあるのかどうかです。

　でも、救いはあります。彼らは、実名で語ることはしないからです。

　実名を出さないのは、品のない拙い言葉で、批判の対象となって無抵抗にならざるを得ない人を傷つけ貶めている自分が、どれだけ愚かな存在なのか、本当は、分かっているからでしょう。

　また、そもそも、今の自分には、正しい方法で意見を言う能力もないし、意見を言う機会も場所もないこと（そういう現状につながる人生を過ごしてきたこと）をいやというほど知っているのでしょう。

　良かった。彼らにも自覚はあるのですね。

⑪ 自己情報コントロール権

　人を怒らせることは簡単なのだそうです。その人について本当のことを言えばいいのです。「あなたはこうだ。」と。

　ところが。人には「自己の情報をコントロールする。」という権利（のようなもの）を認めるべきだという考え方があります。それは、自分が「こう思われたい。」と希望する自分を社会において主張し、実現する権利です。

　もちろん、持っていないものを持っているというようなうそはつけませんから、自己情報コントロール権においては、自分についての情報のうち、自分が見せたい情報だけを抜き出して、そうでない情報は見せないことで「こう思われたい自分」を実現することになります。

　瞼が二重なのか一重なのかという問いに対する答えは、「二重です。」か「一重です。」のいずれかではなく、「二重のほうがいい（二重になりたい）。」という中間項を経て、「二重です。」と答えるか、あるいは、「答えない。」という「答え方」になるのです。

　自己情報のコントロールを認める世界においては、瞼が二重かどうかは、鏡ではなく、本人が決めることになりそうです。

　ＳＮＳは、そういう「なりたい自分」の具現化の手段です（手段にすぎません）。フェイスブックやインスタグラムは「見せたい自分」であって、自分（本当のことのすべて）ではありません。

⚖　・　⚖　・　⚖　・　⚖　・　⚖

　個人情報保護制度は、ここに（ここにも）つながります。個人情報の保護で

はなく、「見せたくない個人情報の保護」なのです。

でも。古典的な価値観においては、積極的に虚偽を述べなくても、自分に都合の悪いことを言わないことも「うそ」であり、そういう人を場合によっては「うそつき」と呼び、そのように評価します。

個人情報保護制度は、人のありようや人と人との正しい関わり合い方も変えてしまうようです。

個人情報保護の社会においては、だれも自分以外の人について「本当のこと」を知ることができないまま、自分の幸せや志につながる人（との出会い）を探していくという、およそ、途方もない作業を強いられることになるのです。

もちろん、個人情報の中には、病歴や性的指向などの重大なものがあり、ひとくくりにはできないことも、確認しておきます。

いずれにしろ。ここでの私のように、大きな方向性としては正しいこと（ここでは個人情報の保護）についての漠然とした「違和感（いいことばかりなのかな？　何か失うものはないのかな？）」の所在を自分なりに明らかにしてみることは、意味のないことではないと思います。本当の理解を得るためにも。

⚖ ・ ⚖ ・ ⚖ ・ ⚖ ・ ⚖

職場で結果として人の怒りを買うことは、現在の価値観においてはハラスメントの問題として俎上に載せられ、処理されかねません。

自己情報コントロール権という主張の意味を踏まえて、あらためて、職場での言動、とくに人への指摘には気をつけましょう。本当に気をつけましょう。もう一度言います。気をつけましょう。私も気をつけます。

そのうえで。自己の情報をコントロールする権利なるものを乗り越えた、本当のことを言い合える人間関係をつくる努力をどこかで続けではどうでしょうか。心ある人たちとともに。

どう見せようが、見られようが、あるものはあるし、ないものはないからです。本当は、とてもおなかがすいているのに、長めの爪楊枝をくわえて、腰に刀を差して歩き回るような人生にあまり意味はないと思います。

本当に欲しいものを得るには、なりたい自分になるには、今の本当の自分を見せて、それを客観的に評価してくれる人を探さなければならないはずです。自分に向かって、「今のあなたはこうだ。」と言う人を。

「あなたはひもじいのでしょう？」、「そうなのです。助けてください。どうしたら、１日３回以上、ご飯を食べることができるようになるのでしょうか。」と言える人間関係だけを人間関係というのではないでしょうか。

「３日も何も食べていないのに平気なあなたって、とっても、すごいわね。」などと人に言わせて何がうれしいのでしょうか。

自分についての「本当のこと」を認めて、それを克服すれば（克服できなくても、克服するための精いっぱいの努力をすれば）、もはや「見せる、見せない」に心を砕く必要はなくなるはずですから。

本当に欲しいものを手に入れて、本当になりたい自分に近づけば、他人の批判はひがみや負け惜しみにしか聞こえないはずです。言った言わない、言われた言われなかったで、目くじらを立ててカリカリする必要もなくなります。

⚖　・　⚖　・　⚖　・　⚖

そもそも。自分が本当はどうありたいと願っているのかということに、素直になる必要があります。

そして、なりたい自分に近い存在に対して、時には、膝を屈して、どうしたらそうなれるのか、どうすればそれが手に入るのかについて、教えを乞うことも必要となるはずです。

教示を得ようとする相手方が、嫌いな人であることも少なくないでしょう。でも、嫌いな理由は、多くの場合、欲しいものを持っている彼や彼女が悪い人だからではないと思います。誰でも自分が欲しいものをすでに手にしている人に対する感情は複雑なのです。

努力ができない人は、ここで止まるようです。素直になれず、持っている人・成っている人を敵視してしまいます。

ベンツに乗りたくても、「ベンツなんか欲しくない。」ことにしようとして時間とお金を使います。ベンツのリコールの記事をスクラップしたり、ベンツに批判的な自動車の本を買い漁って部屋の本棚を埋めたりします。

そして、自分の軽自動車に奇妙な装備やステッカーをつけて、ベンツオーナーとは対極の価値観を持った自分を演出し、「ベンツなんか欲しくないんだ！」を自他に懸命にアピールします。

そして、そして。多くの場合、「ベンツ嫌いの演出（本当はベンツが欲しく

てたまらない人であるという自己情報のコントロール）」のためにかけたお金を計算してみるとベンツが買えていた、という結末が待っているのです。

⑫ 正義感

「そんなことが、なぜ、できるのですか！」、「おかしいじゃないですか！」、「ルール違反ではないですか！」という趣旨の発言（主張）を、口にする職員を見かけます。中には、キレたように、大きな声や高音域の声を上げる職員もいます。いつも同じ職員です。

周りは沈黙します。発言した本人は、「私の指摘の正しさ鋭さに言葉を失っているのだ。」と誤解しているかもしれませんが、決してそうではありません。どう対処してよいか分からないから戸惑っているのです。

この場面で、周りが抱えている（抱えることになってしまった）課題は、彼・彼女の「指摘」の中身ではなく、彼・彼女の存在そのものです。

周りのみんなの頭の中に駆けめぐっているのは、彼・彼女のおそらく（想像の域を出ませんが）、ここまでの人生のいくつかの場面と彼・彼女の「今」です。

そして、その場面が少しでも別の光景（光の差す景色）であったなら、今の彼・彼女の発言はなかっただろうという思いと、決して、そのことを彼・彼女にぶつけること（それは、人格の否定につながりかねないから）はできないという葛藤で黙って立ち尽くすのです。そうするしか術がありません。そして、時間の経過をただただ待つことになります。

どこかの本で読んだ、「自分もいつかはこうありたい。」とあこがれた正義と彼・彼女の口から出された「正義」とは、形は同じに見えるけれど、その動機や成り立ちにおいて、全く別のものであることだけは、確実にみんなが感じているに違いありません。「こうはなりたくはない。」と誰もが思うでしょう。言葉はとても似ているのに。

最終的には、しかるべき役割を担っている人が、別の空間で、消極的な意味での説得を試みることになります。その小さな場所でも、彼・彼女は、自らの「正義」を語り続けるでしょう。この間、しごとは止まります。

彼・彼女は職場を離れた後、より近しい人に、その日のことを得意に語って聞かせるでしょう。彼・彼女は必ずその行動を起こします。それも「おかしい

じゃないですか！」の重要な目的の一つなのですから。

　職場の仲間よりも、好意的に彼・彼女を認識している聞き手は、彼・彼女の語りを本当の正義だと誤解し、賛辞を与えるでしょう。そして、彼・彼女の「正義」が増長し、新たな「おかしいじゃないですか！」を生み出します。また、しごとが止まってしまいます。

　「（いつもの）聞き手」は自分を幸せな気分にすることはできても、幸せにすることはできない、幸せにできるのは、職場で自分の周りで立ち尽くしている人たちなのだということを彼・彼女は、みんなのために、そして自分のために分かるべきです。

　「おかしいじゃないですか！」と自分に言わせているのは、「おかしいじゃないですか！」と言っている相手ではなく、「おかしいじゃないですか！」と言っている、今の自分自身と、そして、今の自分を作った人たち（今までで自分が一番多くの時間を共有した「人」と「人」）なのだということを、彼も彼女も、人生のどこかで（できればなるべく早いうちに）気づくといいなと心から思います。本当にそう思います。

　法務を学んで、せっかく得た知識を「おかしいじゃないですか！」を言うこと自体に使ってしまう職員がいます。今までの自分の中にある不満をその一言を言うたびに少しずつ解消しようとしてしまうのです。彼らは何を得てもそれに使うのでしょうか。そんなことには使ってほしくはありません。

　だから、法的なものの考え方が必要となるのです。そこには、「誰のために何のために、そして、どのように法的知識（努力して得たもの。誰かにもらった大切なもの）を使うのか。」が含まれています。

⓭ カウンターの向こう

　生活保護の申請などのために来庁する住民は、自治体職員である私たちから見てカウンターの反対側に座っています。でも、その場所は、その人が置かれているその時点における状況です。彼の人間性や属性によって、そこに座っているわけではありません。

　私たちが、カウンターの内側で生活保護の申請を受けている自治体職員であることも、やはり、同じように、私たちの現在における単なる状況の一つです。

自治体職員として生まれてきたわけではありません。

　それぞれの状況が、「生活保護の申請をしている人」と「生活保護の審査をしている人」という「立場」を形づくっています。

　立場は、誰でも、いつでも変化し、入れ替わり得ます。私たちも、職務に堪えないような大きな病気や怪我をすれば分限免職です。自治体の人口が急激に減少して職員が必要なくなった場合も、分限免職の可能性があります。

　そうなれば、カウンターの向こうに座ることになるかもしれません。

地方公務員法（一部略）

　（降任、免職、休職等）

第28条　職員が、次の各号に掲げる場合のいずれかに該当するときは、その意に
　　反して、これを降任し、又は免職することができる。

　⑴ 人事評価又は勤務の状況を示す事実に照らして、勤務実績がよくない場合

　⑵ 心身の故障のため、職務の遂行に支障があり、又はこれに堪えない場合

　⑶ 前二号に規定する場合のほか、その職に必要な適格性を欠く場合

　⑷ 職制若しくは定数の改廃又は予算の減少により廃職又は過員を生じた場合

　自治体職員であることは、自分の能力や努力だけでつかんだ属人的な権利ではないのです。

　住民に対して、不遜なものの言い方をする職員、非難の言葉を使う職員、感情的な対応をする職員、「言い返し」をする職員を見かけます。

　彼らは、カウンターの内側に座っていることが、立場ではなく、自分の能力であるのだと勘違いしています。そして、しごとのためではなく、自分の感情を満たすために、カウンター越しに、滞納している住民や規程に違反した住民に非難の言葉を浴びせています。

　自分のここまでの人生における不満や不平を弱い立場（役所に何かを求めざるを得ない立場）にいる住民に八つ当たり的にぶつけているだけです。そこには、正義感などはかけらもありません。

　やっと、自分よりも弱い人を見つけたのでしょう。

　窓口で、「自分はそのことは分かりません。」と平気で、住民に言い放っている職員がいます。住民は、その職員個人に何かを求めているのではありません。

その職員が担っている（はずの）責任と能力と知識、つまりは、「立場（についての自覚）」を信頼してカウンターの外側に座っているのです。

　努力して、しごとや立場に自分を合わせなければならないはずです。そうではなく、「自分にしごとを合わせる人」がいます。住民にとって、とても残念なことです。残念では済まされないことでもあります。

⑭ 女性の活躍の場～シンデレラの姉～

　今の社会には、女性がいきいきと働くことができる場所や機会を、もっと広げなければならないという問題意識が存在するようです。

　その前提となっているのが、女性の多くが、自らの能力を発揮できるしごとに就くことができていないという「事実」です。

　この「事実」を改善していく手段として、企画部門や広報部門などの、社会の注目を得やすい部署に女性を充てることが進められているように思います。

⚖ ・ ⚖ ・ ⚖ ・ ⚖ ・ ⚖

　しかし、例えば、自治体のしごとの中で、住民生活を支えているのは、庁舎や公の施設における窓口の部署です。また、自治体組織を滞りなく機能させているのは、会計、法務、庶務などの内部管理のしごとです。

　この事実（ここにカギかっこは要りません。）は、これからも変わらないし、変わるはずもないし、変えようもないと思います。

　だから、その活躍ぶりが社会の耳目を集めることが少ない窓口業務なども、女性の能力を活かすのにふさわしい場所なのです。

　どの部署にいるから活躍しているとか、そうでないとかいう考えは虚構です。今までも、今でも、どこに所属していても、女性は自らの意思で自分を活かし、社会や住民のために役立っているのです。

　窓口・接客や内部管理のしごとをそつなくこなすのに必要となる能力に欠け、それを克服する努力もしようとせず、それどころか、「つまらないしごと」だと軽く見て、目立つしごとばかりしたがる女性職員や従業員が仮にいたとします。

　彼女をあるべき女性の象徴であるかのように扱い、大きな評価を与えるとするならば、それは、ガラスの靴をシンデレラにではなく、シンデレラの姉たち

に履かせることを意味するでしょう。あるべき物語が変わってしまいます。

⚖ ・ ⚖ ・ ⚖ ・ ⚖ ・ ⚖

女性の政治家や管理職が、なかなか増えないことも課題とされています。

でも、スーパーマーケットのパートタイムで働いている女性と政治家や管理職になっている女性との社会的な価値は全く同じ（平等）です。どちらがより、社会にとって必要なのかは、誰も決めることができません。

そして、どちらが「幸せ」なのかは、それだけでは決められないことであり、そもそも、それぞれが判断する事柄です。

窓口や庶務や現場のしごとに一生懸命取り組んで、そこにやりがいを得て、さらには、その場所に居続けようとする女性を「意識が低い。」などと評価することは、法的には、つまり、正義として、常識として、人として、間違っています。それは、彼女たちを信頼している社会に対する否定です。

むしろ、社会において地位的な場所にいる女性たちが、女性活躍の範たり得ているかどうかを真摯に顧みる余地と必要があるかもしれません。多くの女性に「私もあんな風になりたいな。」と思わせているかどうかを。

だれも、「姉」には憧れないはずです。ガラスの靴を履けば、シンデレラになるわけではありません。シンデレラがガラスの靴を履くのです。どんな場所でどんな靴を履いていても、「姉」は「姉」であり、シンデレラはシンデレラなのですから。

⚖ ・ ⚖ ・ ⚖ ・ ⚖ ・ ⚖

靴だけではなく、人が自分に似合う服装を纏うには、２つの大きなハードルがあると思います。１つ目は、自分がどんな服が似合うのか理解すること。そして、２つ目は、その服が、自分の着たいと思う服ではなかったとしても、その似合う服のほうを選ぶことです。

ですから、似合う服を着ていることは、人として大切な自己認識を持っていることの表われです。単なるセンスの問題ではなく、人格の一部です。

自治体や企業の窓口でしごとをしている女性をはじめとして、社会のそれぞれの分野で堅実に、真摯に、その役割を果たしているみなさんは、それぞれに違う装いですが、みんな似合う服を着ているように思います。景色に溶け込んでいて、とても涼やかです。

　「似合おうが似合うまいが、この服を着なければ気が済まない人たち」がい
たとしたら、そこは、まちの一隅でも、庁舎や社屋の一部でもない、その人の
お部屋になってしまうでしょう。

　そして、その「お部屋」の天井は、彼女の目には、いつまでもガラスででき
ているように見えるはずです。

⑮「人」の問題

　さまざまな介護の制度が、まだ、十分には定着していなかったころの話です。

　ある民間企業が訪問介護の事業を本格的に始めました。世間において、よく
「さきがけ」などと呼ばれる動きです。

　Ｚ市では、高齢者福祉に積極的に取り組んでおり、その企業（ここでは、「Ｋ
社」としておきますが、私は英語が苦手なので、頭文字の採り方を間違ってい
るかもしれません。）とタイアップして高齢者福祉においては日本一、と評価
される自治体を目指そうということになりました。

　担当の高齢者福祉課の職員はやる気満々です。そのうえで、同課の課長以下、
職員のすべてがＫ社を全面的に手放しで信頼していました。

⚖ ・ ⚖ ・ ⚖ ・ ⚖ ・ ⚖

　事業を展開していた当初は、目論見どおり、全国的にＺ市の高齢者福祉課の取組は注目・評価されるようになりました。有名なタレントを使っての事業ＰＲも功を奏したようです。

　時間を経ずに、高齢者福祉課の職員の言動が、組織の中で増長気味になってきました。「私たちは、（あなたたちにはできない）特別なことをやっているのだ（あるいは「よ」）。」というあからさまな態度なのです。

　総務課の忠告や指示も半ば無視です。意見や要望があるときは、まともな話し合いすらしようとせずに、直接市長に告げる（要するに「言いつける。」）というあり様です。

　当時、総務課にいたＡ君は、彼らの態度の悪さは、（しごとだから）我慢するとして、どうしても疑問に思うことがありました。

　それは、彼らが印象として、また、その日常から、「○○において日本一」などという目標を実現できるような人たちには到底、思えなかったからです。

　さらには、無批判にＫ社の事業をほめたたえることにも、とても違和感を覚えていました。

⚖ ・ ⚖ ・ ⚖ ・ ⚖ ・ ⚖

　月日が過ぎて。Ｋ社は、違法行為や不正あるいは強引な事業展開がもとで破綻しました。Ｋ社のサービスを受けていた全国の高齢者の方たちとそのご家族は生活が立ち行かなくなるという事態に陥りかけました。

　結果として、高齢者福祉課の職員は、Ｋ社が全国で引き起こした問題の「片棒」を担いだことになったのだと、Ａ君は感じました。その評価が正しいのか、あるいは、飛躍なのかは予断を許しませんが。

　賛辞を与えられ、注目されたときにこそ、その人の人としての本質が露わになります。

　しっかりした人であれば、人に褒められ、注目されればされるほど、怖くなるはずです。本当に私がここに立っていていいのか、私ごときが考えたプランが社会において実現し、しかもこんなに評価されていいのか、と。

　その恐れが、周りを客観的に見つめて、失敗を防いだり、勇気ある撤退や転換を、機を逃すことなく行ったりすることにつながります。

164

　すぐにいい気になる人は、いい気になること自体が目的なのでしょう。だから、「そんなにいい気になっていたら、いつか大変なことになりますよ。」という忠告には絶対に耳を貸しません。

　Ｚ市の高齢者福祉課の職員が、介護についての必要十分な見識を持っていて、本当に住民のことを考えてしごとをしていたとしたら、Ｋ社が信頼に足りない企業であることは、どこかの段階で容易に分かったでしょう。

　彼らの本当になすべき役割は、Ｋ社と一緒になって「高齢者福祉日本一」を謳うことではなく、自治体職員として、Ｋ社の危うさを、いち早く社会に知らせることにあったはずなのです。

　等身大の自分が見えていないと相手の本当の大きさも見えません。

⑯ 公務員として

　この社会は、地面も空も海もつながっています。自治体の境界ごとに線が入っているわけでもなく、また、自治体の間に関所が設けられているわけでもありません。

　住民は、その誰もが「このまちに住みたい。」という意思を持って、住所を定めたわけではないでしょう。

　仮にそうだとしても、その「このまち」とは、多くの場合、制度的な意味での市や町や村（の区域）を指してはいないと思います。

　お気に入りの宅地が見つかり、そこに家を立てたら、たまたま住所の届け出先がこの庁舎だった、その結果、「○○市民になった。」ということではないかと思います。

　ですから、自分の自治体に一つの制度があって、隣の自治体にはそれがないということが、私たち自治体関係者が目指している（こだわっている？）ほど、住民にとって意味のあることかどうか、考えてみる必要はあると思います。同じように困っている人は、どこにでもいるはずですから。

　わたしたち自治体職員は、自分の自治体のために働くことはもちろんですが、もう一つ、「この社会のために働く。」という視点も持っていなければなりません。自治体職員ではなく、「その地域において、社会全体のために働く公務員」として。

「正しいこと」は、おおむね日本のどこでも正しいはずで、「正しくないこと」は、どこにおいても正しくないはずです。

「自分たちのまちのことを真剣に考える。」という言葉の意味を、再確認する必要があります。それは、「自分たちのまちのことだけを考える。」とは意味が異なるはずです。

「自分のことしか考えない人」は、とっても、いけない人です。でも、それと比較にならないくらい、もっと良くないのは、「自分たちのことしか考えない人たち」です。

⑰ 改革・改善

「○○業務改革セミナー」的な研修を受講すると、講師が「これをこうしてこうすればこうなる。」というような話をします。でも、どんな課題であれ、「これをこうしてこうしたとしてもこうなるとは限らない。」ことは、私たちは何度も経験しています。

信頼できる講師であれば、自説の欠点やデメリットをけれんみなく示します。「ただし、この条件がないとできませんよ。」、「かならずうまくいくというわけではありませんよ。」、「（結局のところ）人次第ですよ。」、「私のこのご提案は、いずれ、時節に合わなくなるかもしれませんが。」という風に。

セミナーにおける講師の話に限らず、業務の改善や改革（両者は表現の違いにすぎないでしょうが。）案には、すべて、長所と短所があります。だから、改革とか改善とかは、現在の良いところを失ってでも、その改革案などを実行する自覚と意思があるかどうかにかかっているはずです。

改革・改善を語る資格要件は、今あるメリットをしっかりと把握し、そのメリットを手から離す覚悟と勇気を持っていることです。

やたらと新しいことに取り組もうとする人は、その改革案のメリットだけを主張します。失うメリットについては、見ようともしません。それは、改革する（したと回りに認識させる）こと自体がしごと（主観的な目的の達成）になっているからでしょう。

⚖ ・ ⚖ ・ ⚖ ・ ⚖ ・ ⚖

研修や講演で聞いた講師の見解、他都市や外国の事例、本で読んだ話などを

そのまま持ち込んで、「うちの市でもやるべきだ。」と主張する人がいます。「そうすれば、本市の課題も解決し、改革・改善が実現するはずだ。」と言い張ります。

　でも、それは、「あの衣装さえ手に入れば、私もあのモデルさんと同じようにあのランウェイを歩ける。」と言っているようなものではないでしょうか。

　ファッションショーに出ることができるかどうかは、別のところに「差」があるはずです。

　その「差」を認識すれば、どんな研修を受講して、どんな事例を参考にすべきか、そして、その結果をどう生かすべきかが見えてくるはずです。

　どこかの自治体や誰かの本やどこかで聞いた誰かの話に、すぐに感動して、「これだ！」と思ってしまう人がいます。そういう人に限って、議論において意見（「これだ！」）を譲りません。自分でものを考えない人のほうが頑固なのです。

　身近に成功事例があるのに、それを見て認めようとはしません。わざわざ、「どこかのだれかに」学ぼうとするのです。何かを達成しようとしているのではなく、周りの人よりも優位に立ちたいからなのかもしれません。だから、虎が住んでいるインドやアフリカまで行くのでしょう。

　真似されただれかは、わが意を得たりでしょうね。行ったこともない場所で、頼みもしないのに、周りに迷惑をかけ、周りと揉めてまで、自分の考えを広めてくれる（代理戦争をしてくれる）のですから。

　人のだまし方とだまされ方にはいろいろあるようです。

⑱ 自己決定権

　「ケナフ」という植物を知っていますか。もう、数十年も前になると思います。ケナフを栽培し利用することが、環境の保護・保全につながるという専門家の見解が社会に定着していました。

　地域社会、学校、企業などで「ケナフを植えよう。」という活動が広がりました。ある時期には、ケナフを植えないと、環境についての理解がない、環境を守ろうとする意識がないという謗りを受ける、という状況だったのです。

　現在では、ケナフの環境的な効果には疑問が出されているようです。少なく

167

とも、ケナフを植えないからといって指弾されることはない、というよりも、ケナフそのものが日常から消えてしまっています。

　でも、この間の「ケナフ騒動」について、それをあおった人たちも含め、誰が責任を取るわけでも、反省したわけでもありません。

　ある環境分野の専門家は、「ケナフの効果は実証できなかったが、多くの人が環境問題に関心を持つことができたのは大きな意味があった。」などと、やや開き直っていました。

⚖ ・ ⚖ ・ ⚖ ・ ⚖ ・ ⚖

　専門家の意見は真実ではなく「（数ある）見解（の一つ）」です。その見解が社会の大多数の支持や信頼を得ていても、やはり、それは真実であるとは限りません。そして、見解である限りは、変わり得ます。変わっても、さらに、それは真実であるという保証はどこにもありません。

　そして。人には、「自己決定権」、つまり、「自分のことは自分で決める。」という根本的な権利、いわば、「権利オブ権利」があります。

憲法

第13条　すべて国民は、個人として尊重される。生命、自由及び幸福追求に対する国民の権利については、公共の福祉に反しない限り、立法その他の国政の上で、最大の尊重を必要とする。

　真実ではない（真実であるという保証はない）見解（つまりは、すべての見解）に従って行動しなければならない理由はどこにもないはずです。その見解が、どんなに高度に専門的なものであっても。

　むしろ、個人的な言動は、その起点が自分の知識や情報の不足に起因するものであっても、また、思い込みに基づくものであっても、少なくともほかの人を傷つけない範囲では、自由であるはずなのです。

　その「自由」が許されないのであれば、もはや、人が人であることはできません。

　専門家でない制約された見識しかない個人であっても、それぞれ、自分の意思（だけ）で自分のことを決めるというのは、人権が保障されている社会における「いちばん最初のしくみ」であるはずです。

　一方で、自己決定権があるということは、（正しいとは限らない）専門家の意見を信じて行動した結果、自分や自分が大切にしている人たちに不利益が生じても、「それは、自分が決めたことだ。」として、誰も責任を負ってはくれないということを意味するのです。

⚖ ・ ⚖ ・ ⚖ ・ ⚖ ・ ⚖

　「ケナフだ！」のような、その時々の「正義のトレンド」となっている事柄に便乗し、先頭から2〜3番目（もう少し後ろかも）くらいの場所で旗を振ることを生きがいにしている人たちは、「ケナフだ！」だけではなく、いつも何かのスローガンを叫んでいます。

　「自己決定権」の意味を踏まえて、彼らのありようと、彼らの言動に対して、自分がどのような対応や反応をすべきか、慎重に見極めなければなりません。

　旗を振り始めたときは、世間の空気に乗っていますから、正面から無視したり、反論したり、同調しないという対応を採ったりすると、「悪者」、「無理解な者」というレッテルを貼られます。

　「○○だ！」の内容によっては、自治体職員として不見識だという評価を与えられかねません。いずれ「冤罪」であったことは証明されますが、だれも、「あなたは無罪です。」という判決は言い渡してはくれません。なし崩しに釈放されるのです。

　かといって、一緒に行動するのも自尊心が傷つきますし、彼らに付き合った（付き合わされた）間のお金と時間は、ケナフのようになってしまうことは目に見えています。

　うまく、「かわす」、「様子を見る」、「面従腹背する」というような大人の対応がベストだと思います。「また、始まったか…。」と心中で呟いて、心ある人たちと小声で対応を協議しましょう。

⓳ 民間との違い〜自治体職員（みなさん）だからできること〜

　「お役所仕事」という、自治体行政についての否定的な言葉があるようです。

　言葉というものには、流行り廃りがあるはずなのですが、この「お役所仕事」は、それなりにさまざまな時代を生き抜いてきて、今日も、いろんな場面で使われています。

その「お役所仕事」を克服することが自治体の大きな課題であると一般的には考えられているようです。

ところで。X市には市立高校があります。この高校では、毎年、３月になると、大通りに面した校舎の壁に、巨大で派手な色のパネルを掲げています。

パネルの一番上の部分には、とても大きな文字でいくつかの大学の名前が書かれています。その下にそれよりかなり小さな字で、また、いくつかの大学名が書かれ、さらに、その下にとても小さな文字で、かなり多くの大学名が書かれています。大学が３つに分類されて、パネルに記載されているのです。

いずれも、その年度にこの高校を卒業した生徒の進学先です。文字の大きさは、いわゆる偏差値に比例していると思われます。最上部と一番下の部分とでは、文字の大きさがかなり違います。というよりも、最上部を際立たせるために、ついでに２段目以下を書いているようにも見えます。

パネル設置の意図は明確です。私学との新入生の獲得競争にさらされている現状から、「あの○○大学にも合格させたのですよ。うちの高校は。」をＰＲして、一人でも多くの生徒を集めようとしているのです。

理屈としては、パネルの必要性は説明できます。論理的には「○」です。事業としても一定の効果が期待できるので、政策判断としても「○」でしょう。入試の実績を宣伝すれば、私学からこの高校へ進路を変更する中学生もいるかもしれないことは事実でしょうから。

⚖ ・ ⚖ ・ ⚖ ・ ⚖ ・ ⚖

しかし、自治体行政は、「論理（理屈）的判断」と「政策判断」だけでは成り立ちません。加えて、法的な判断が必要です。自治体職員は、理論立てや政策判断以外のものが占めるべき３つ目の空間を、頭と心の中に設けることが必要なのです。それが「法的な判断」が入る場所です。

自治体職員が持つべき判断の基本的なフレームを公式として表すとしたら、「（論理的判断＋政策的判断）＋法的判断＝住民福祉の増進〔正解〕」のようになると思われます。

計算式であれば、（　）がなくても答え（和）は同じです。足し算ばかりなのですから。でも、ここでは、法的判断は、ほかの２つの判断基準に対して、外在的であることを表現しています。

　政策や論理（理屈）として成立するかどうかと、法（社会にとって必要なもの）として完成しているかどうかとは別の課題なのです。

　そのことが理解できずに（理解しようとせずに）、論理的な反論や政策的な良し悪しだけを延々と述べる職員もいます。法的な議論の必要性を訴えている人は、「そういう話をしているのではない。」のです。

⚖　・　⚖　・　⚖　・　⚖

　みなさんが、教育委員会でこの高校の担当者だったとしたら、このようなパネルを設置しようと考えるでしょうか。それとも、心のどこかに、何かが引っかかるでしょうか。引っかかるものがあるとすれば、みなさんの心が自治体職員になっている証です。

　法的に見れば、偏差値という価値基準は、しょせん、世間の風評であり、思い込みであり、偏見です。その偏差値とやらに従って、Ｘ市が教育行政を実施していることを、このパネルは表しています。

　「大きな文字の大学に合格することのほうが、偏差値の低い文字の小さな大学に合格することよりも価値がある。そういう理念や認識で、本市は教育行政を推進している。」と市民に向かって宣言していることにもなるのです。

　地元の中小企業に就職した生徒から、「この学校は、ぼくのことを、有名大学に合格した○○君のようには誇りに思ってくれないのですか？　その理由は何ですか？」と聞かれたら、校長先生は何と答えるのでしょうか。「当たり前だろう。18歳にもなって、そんなことも分からないのか。これが、社会というものだ。」と答えるのでしょうか。

　この話を、自治体から業務を委託されている民間団体の方にお話ししたことがあります。「そんなことを考えるなんて、理解できません。森さんは、お役人ですね。私立高校では、入試の実績を積極的にＰＲすることで、経営を向上させているのですよ。」という答えが苦笑いとともに返ってきました。

⚖　・　⚖　・　⚖　・　⚖

　一方で。Ｙ市立高では、校門の両側の塀の上に、パネルを3枚掲げています。それぞれのパネルには、「国公立大学」、「私立大学」、「企業や官公庁」の名称が書かれています。有名大学も、地元の有限会社も、同じ大きさの文字です。

　「どこに進学した生徒もどこに就職した生徒もみんなわが校の誇りです。み

んな、3年間、がんばりました！」と言わんばかりです（確かに、そう言っているのです）。

　私立高校ではこうはいかないかもしれません。文字の大きさに、「メリハリ」がないからです。こんなパネルを作成したら、経営改善に躍起になっている理事長から、「何をやっているんだ！」と怒りを買うかもしれませんね。

　おそらく役所しかやらない方法という意味では、Y市立高校の校門に掲げられた「3つのパネル」は、いわゆる「お役所仕事」です。しかし、民間から謗られる非効率を意味する「お役所仕事」ではありません。

　民間ではできない、自治体だからこそできる、自治体がやらなければ誰もできない、大切なしごとなのです。言い換えれば、この「3枚のパネル」は、自治体の存在意義を表しているのです。

　自治体の役割やありようを考えたうえで、民間団体における同様の事業で効果を挙げている手段を、あえて排除することは、決して、変えるべき批判されるべき「お役所仕事」ではありません。

　自治体の中でこれからも守っていかなければならない、法的なものの考え方に基づく、自治体職員の行動規範です。

　「根拠のないこと（ここでは偏差値）で、住民を差別しない。」、つまり、「住民一人ひとりを大切にする。」という「法的なものの考え方」を持ってしごとをしていきましょう。

⑳ 意見を持つこと・意見を聞くこと

　私たちは、ハラスメントや性的マイノリティーの問題について話すとき、細心の注意を払って言葉を選びます。

　自分の発言に対する当事者の反応や社会の受け止め方次第では、厳しい批判を受ける現実的な恐れがあるからです。

　その結果、多くの人にとっては、ハラスメントなどの問題について、自分の考えや疑問を述べるための安定した場所や時間を得ることは難しいという現状が生まれています。

　当事者の思いや専門家の見解（「定説」）をそのまま自分の意見にして（客観的に見れば）表面的な理解を示す場合は、積極的に発言の機会が与えられます。「定説」を理解し、「言ってはいけない言葉」を覚えることが、必要な知識だと勘違いされているきらいもあります。

　ですから、「定説」に反する意味の言葉が含まれている意見を発することは、その意見が、課題の解決を意図した真摯なものであったとしても、決して容易なことではないのです。

⚖　・　⚖　・　⚖　・　⚖　・　⚖

　でも。それは、社会全体にとって、また、問題の解決を望む当事者の人たちにとっても、決して幸福なことではないと思います。「定説」をうのみにするような人には問題を解決する力はないはずだからです。

　一方で、社会には、ちゃんと「人」と呼べるべき人はいます。

　彼らは、無理解や偏見によって苦しめられている人たちを助ける心と力、そして、何が平等であるかを見抜こうとする意思があるからこそ、「定説」に対して、「どうして？」、「必ずしもそうではないのでは？」と疑問を持つのです。「（今は、言ってはいけないかもしれないけれど）、本当の問題の解決のためには言わなければならないこと」があるのです。

　彼らを、そして、社会全体をもっと信じて、いろいろな人にいろいろな場面での発言の機会を与えるべきではないでしょうか。

　関係者や専門家の意見をそのまま自分の考えにするのではなく、人的な問題についてみんな勇気を持って自分の考えを持ち、いろんな人の意見を、もっと、

もっと、聞く必要があるはずなのです。

その発言が、たとえ、一時的には不見識で無理解を伴うものであっても。「理解する。」ためには、過程と時間とそして議論が必要なのです。

ハラスメントなどの問題における「本当の問題」の一つは、そこにあると思うのですが、みなさんはどう考えるでしょうか。

㉑ あいさつ

職場で、ミーティングをして、「普段から思っていることはないですか。」という趣旨の問いかけをすると、「この職場は、朝のあいさつをしない。常識がない。考えられない。」という意見を言う人が何人かいました。

彼の意見（自体）は、事実誤認ではなく、また、あいさつはしたほうがよいので、もっともなことです。

小学校のころは、とにかく、「あいさつをしなさい。」と習ったと思います。あいさつ自体が完結した行為であり、あいさつをすることが「いい子」の条件でもあったと思います。

朝、あいさつをする意義など、掘り下げる必要もありません。「おはようございます。」と言えばいいのです。

でも。本当は、あいさつをすること自体ではなく、「おはよう（ございます）。」が、笑顔とともに自然なその人らしいトーンで発せられ、「今日も一日、きっと、きっと、きっと、たいへんだけど、がんばろうね！」というように、周りに聞こえるかどうかが大切なのではないでしょうか。その人がそういう人で、その職場がそういう職場であることが。

「この職場はあいさつをしない。」と指摘した彼らは、いずれも「職場の雰囲気を明るくする。」というタイプの人ではありませんでした。むしろ、みんなが彼に気を使ってしごとをしているという感じがありありでした。特にその中の一人は、はれ物に触る扱いをされていました。

彼らの「おはようございます。」は、ＡＩの「お・は・よ・う・ご・ざ・い・ま・す。」にしか聞こえていないと思いますよ、きっと（最近のＡＩはもっと性能がいいですが。）。それは、「あいさつをする。」というルールを守っていることにはならないでしょう。

「ルールを（形式的に）守っている人（ルールを守る・守らないに、やたらとうるさい人、ルール違反に手厳しい人）ほど、ルール自体は守るが、そのルールの目的や趣旨に外れた言動をする。」ということは、みなさんの経験則の中にもあるのではないでしょうか。

彼らは、そのルールの目的や趣旨が分かっていないだけではなく、社会における共通の課題に取り組むための精神性や能力が不足しているのでしょう。目的を共有できず、「目的を共有する場所」（ここでは、「明るい職場」）に居場所を見いだせないのです。

「みんなと仲良くする。」を法的な言葉に置き換えると、それは、「みんなと目的を共有する。」ということです。それさえあれば、言い合いをしても、つかみ合いをしても(?)、しっかりとどこかでつながっているのです。安心して、お互いに変な気を遣わずに、住民のためにしごとについての議論を遠慮なくできるのです。

目的を共有できない人は、その手段である具体的な取り決め事を道具として、目的自体（ここでは、仲良くしごとをしている自分以外の職場の人たち）を攻撃するという行動に出ます。それは、技術的に可能なのです。目的を達成するための手段を、目的を阻害するために使うこともできるのです。一つの（決してほしくはない）「才能・能力」です。法（ルール）の怖さ・難しさはそこにもあります。

「子ども連れで投票できるか。」を思い出してください。「朝はあいさつをすること。」の正しい解釈は、「今日も一日、明るく楽しく思いやりを持った職場にしましょう。」であり、それは、「この職場はあいさつをしない。」と言った彼に向けられているのです。

そして、一番大切なことを。「あいさつをしない。」などという批判や指摘を口にしないというのも、目に見えないルールの一つです。そんなことは人に向かって言わないものです。その「感覚・感性」がないと法は使いこなせません。

㉒ 条例、規則、要綱

研修の中で、質問が多い事項の一つに「条例、規則、要綱などをどう使い分ければよいのですか？」というものがあります。確かに自治体には、条例、規

則、各委員会の規則、要綱、訓令、規程などのルールの形式があり、それぞれを適切に使いこなすのは簡単ではありません。

　まずは、条例の例を示します。

X市動物管理条例

　第12条　犬の飼い主は、飼い犬を、丈夫な鎖又は綱をつけてつないでおかなければならない。

　「犬をつないでおかなければならない。」は、このルールの政策（中身）であり、「条例」は形式（箱）です。このX市動物管理条例の制定において、X市は、「住民の安全（犬は噛む。）とまちの衛生（犬はどこでもフンをする。）の確保」を目的として、「犬の放し飼いを禁じ、つないで飼うよう義務付ける。」という政策を実現するために、条例という形式を選択したのです。

　このように自治体のルールは、「政策（中身）」と「形式（箱）」の組み合わせによって成り立っています。その中で、「この政策（中身）はこの形式（箱）に入れないと有効に、つまりは、立法者の意図どおりに機能しない。」というきまりがあり、それが、「条例、規則、要綱などをどう使い分けるのか。」という課題につながっているのです。

　では、この「X市動物管理条例」が条例という形式（箱）でないと機能しないかどうか検討してみましょう。

地方自治法

　第14条　普通地方公共団体は、法令に違反しない限りにおいて第2条第2項の事務に関し、条例を制定することができる。

　2　普通地方公共団体は、義務を課し、又は権利を制限するには、法令に特別の定めがある場合を除くほか、条例によらなければならない。

　第15条　普通地方公共団体の長は、法令に違反しない限りにおいて、その権限に属する事務に関し、規則を制定することができる。

　この規定は、「地方自治法14条2項には、『義務を課し、権利を制限するには、条例によらなければならない。』と規定されているので、X市動物管理条例をX市動物管理規則にすると地方自治法違反、つまり違法になるのだ。」という

理解につながりそうです。

では、ここで、地方自治法14条2項の（意味ではなく）意図、つまり、何のために地方自治法14条2項があるのか考えてみましょう。

例えば、庁舎管理において「4階まではエレベーターではなく階段で昇らなければならない。」という決まりがあったとします。このきまりには、「エレベーターでも階段でも4階まで昇れる。」という「前提」があります。そのうえで、「4階までは階段で」と決められているのです。

しかし、条例と規則には、「条例でも規則でも義務を課し、権利を制限できる。」という前提はありません。14条2項によって、はじめて、「義務を課し、権利を制限できる。」効力を条例だけに与えているのです。だから、「X市動物管理規則」で義務付け（〜ならない。）を規定しても違法ではありません。規則では義務付けの「効力」が発生しないからです。

地方自治法違反（違法）になるということは、規則でも効力が発生するということが前提となりますが、その前提がないのです。義務付けの効力が発生しないのに違法になるはずもありません。規則で「義務を課し、権利を制限する。」事項を規定しても住民に無視される（住民は無視してよい）だけです。

では、規則は具体的に住民の権利や義務の発生に関して、どんな効力を持っているのでしょうか。規則は、住民の権利や義務を発生させる効力のうち、条例しか持っていない「義務を課し、又は権利を制限する。」効力を除いた、住民に権利を与える効力を持っています。例えば、補助金交付決定などの根拠になります。

法的には、補助金交付規則に基づく補助金交付決定によって発生した法律関係は、多くの自治体職員が認識しているような「（寄附）契約」の関係ではなく、「交付決定という行政処分」によって発生した権利義務関係であることになるはずです。

また、規則は、条例の委任（○○については、規則で定める。）を受けて、条例で規定する事項を実施するための手続きや細目を規定していることも多くなっています。ですから、法律と政令や省令の関係と同様に規則を条例の子どものように感じてしまいます。

しかし、条例と規則とは効力の範囲が違うのであり、どっちが上とか下とか

いう関係にはありません。

　条例は地方自治法14条に、規則は15条に根拠があります。でも、要綱は、どこにも根拠はありません。そうすると、そもそも自治体で要綱などというものを制定してはいけないのではないでしょうか。

　そうではありません。要綱、訓令、規程など（以下「要綱など」）は地方自治法に根拠がありません。それは、要綱などは条例や規則のように住民の権利や義務を発生させる効力がないことを意味します。

　地方自治法14条と15条は住民の権利や義務を発生させる何らかの効力を、条例や規則に与えているものです。単なる「条例」、「規則」というルールの形式自体の根拠ではありません。だから、住民の権利や義務を発生させる効力を持たないルールの形式ならば、どんな形式をいくつ作り出しても、地方自治法違反などにはならないのです。

　要綱などは、自治体の内部事項、行政指導の根拠、委託契約の雛形、条例や規則の解釈運用の基準、補助金交付の要件などを定めるために考え出されたローカル・ルールです。これらの事項は、住民の権利や義務を発生させるものではないから、条例や規則で定める必要はないのです。

　自治体の数だけ、要綱などのあり方が考えられます。「要綱がない。」という自治体があってもおかしくはありません。

　法のことを英語で「ＬＡＷ（ロー）」と言います。条例や規則は「ＬＡＷ」です。要綱は、自治体職員にとっては職務命令の効果を持ちますが、住民にとっては「ＯＵＴＬＡＷ（アウトロー）」なのです。

23 正義（平等）を実現できるのは自治体職員だけ

　法律の専門家といえば、まずは、弁護士さんでしょう。最近は、その数が増えていますから、みなさんのお知り合いにも弁護士（資格を持っている人）がいるかもしれません。

　でも、弁護士は、依頼人の利益を実現するために働いています。公平に「何が正義（平等）か」を（思考の過程では考えるかもしれませんが目的として）考える立場にはありません。依頼人の立場に立って、その知識を使っているのです。

　実質的に弁護士同士が戦うことになる裁判の結果も、そのものが正義なのではありません。裁判の結果（判決）を正義だとみなすというルールがあるのです。裁判で、きちんとした主張ができなければ、事実でないことに基づいて、義務を負わされるのが裁判という「装置」です。

　結局、弱い立場の人は裁判でも救われることにはなってはいないのです。裁判で確定した「事実」は事実とは別のものです。

　弁護士の努力と判決によって、公害の被害者が救済されたというようなニュースを聞いたことがあると思います。

　しかし、構造的には全くそれと逆のこと、つまり、弁護士の企業側に立った努力によって、被害がなかった、あるいは、過小に評価されたということも、同じ数だけ発生し得るのが弁護士と裁判官による裁判というものであり、裁判に至らない示談の場合も含めると、実際には、強い立場の側に有利な決着がされている数のほうがはるかに多いと考えられます。

　弁護士の存在は、総体的には「弁護士を依頼している経済的に優位な立場にある加害者」の利益を社会において実現しているのです。

　弁護士に頼めない人は、相手方から訴えられたら、何も、権利を実現できないし、負わなくてもよい義務さえ負わされる、というのが裁判制度です。

　これまでに「法的なものの考え方の中では、人は立場である。」というお話をしました。すべての住民を平等に扱い、この社会で本当の正義を実現できる「立場」にあるのは、私たち自治体職員だけです。

　弁護士と違って、すべての住民が依頼人であり、裁判官と違って主張できない人の利益も考えて判断します（できます。しなければなりません。）。

　本当の正義（平等）を実現できる立場にいるのです。法の真意を分かる立場にいる、分かったうえでそれを社会において実現できる立場にいるのは、自治体職員だけなのです。

　その立場と法務を学ぶ努力とが、本当に困っている人たちを助けることになります。

　弁護士だったか、裁判官だったか、あるいは検事だったか忘れましたが、「実際に雪が降ったところを見ていなくても、朝起きたときに、寝る前にはなかった雪が積もっていれば、それは、夜の間に雪が降ったという事実の証明になる。」

という説明が、法律のプロの間では当然のようになされます。

　でも、夜の間に、誰かが音のしないトラックで雪を運び込んだのかもしれません。土の中から、一夜にして雪の花が咲いたのかもしれません。そういう目にあった人たちを助けるのは、自治体職員しかいないのです。

㉔ 法務を勉強しましょう！

　このまま、ずっと、何の根拠も、成功する保証もない、あなたの独りよがりの考え方に拠って、しごとを続けるのですか。

　あなたの考えている「政策・事業」が一定程度、成功する保証がどこにあるのですか。

　もし、失敗したときに、その影響やコストが自分や自分の家族の負担になるとしてもその決断ができますか。

　あなたが自治体職員として手にしているものは、常に「権利」ではなく「権限」です。そのうえで、あなたが今、手にしている権限はだれのために、何のためにあるのか、そして、だれから与えられたものなのか、よく考えてみてください。

　そもそも。自分が住民の今日と明日を決定できる能力を持った存在だと考えますか。自分の日常や過去から冷静に判断してみてください。担当者としての机と名札が与えられただけで、自分に必要な資質が備わったと勘違いしていませんか。

　法律や条例は、「これを実現することを条件に、あなたの（恵まれた）公務員としての身分を保証します、また、住民に損害を与えても、個人としての賠償責任は負わせません。」という住民との契約書であるはずです。あなたがやろうとしていることは、その住民との契約に違反することにはなりませんか。

　法（根拠）がなければ、何も住民のために働くことができない自分を客観的に見つめることができる勇気を持ちましょう。そうすれば、法が決めた考え方やルールを理解して、それに従うことができるはずです。また、法務を真摯に学んで、法を正しく理解すれば、法に従う中でも、自分の「思い」は、実現できるはずです。

おわりに

　まず、隣の席の人と向き合ってみてください。

　同じ職場で働く仲間は大切ですよね。
　良い機会ですから、あらためて、「私は、あなたを大切にします。」と相手に向かって約束してください。少し照れ臭いでしょうが。

　でも、自治体職員には、職場の仲間よりも大切な人たちがいるはずです。
　もちろん、それは、住民です。

　そこで、「でも、あなたより住民のほうが大切です。」とその相手に告げてください。少し、言いにくいでしょうが。

　それが言えたら、「だから、あなたが正しくないことをしたときは、住民のためにあなたの間違いを糾します。」と言い渡してください。思い切って。

　そして、「わたしが、正しくないことをしそうになった時も、遠慮は要りませんから、わたしの間違いを糾してください。」と心から、お願いしてください。

　お互いを大切にするだけの仲間ではなく、住民を大切にする仲間をつくりましょう。
　自治体職員にとって、本当の仲間とは、そういうものです。

令和５年９月

自治体法務ネットワーク代表　　森　幸二

著者紹介

森 幸二（もり・こうじ）

北九州市職員。政策法務、公平審査、議員立法などの業務に携わり、現在は議会事務局政策調査課長。
自治体法務ネットワーク代表として、全国で約500回の講演。各地で定期講座を実施中。
著作に、『自治体法務の基礎と実践』、『自治体法務の基礎から学ぶ指定管理者制度の実務』、『自治体法務の基礎から学ぶ財産管理の実務』（以上、ぎょうせい）、『1万人が愛したはじめての自治体法務テキスト』（第一法規）。
相棒は「かぶ」♂。

> 本書を活用した研修にご関心がある場合は、公職研編集部
> （03-3230-3703）までお気軽にお問い合わせください。

森幸二の自治体法務研修 ~ 法務とは、一人ひとりを大切にするしくみ

© 森 幸二 2023年

2023年（令和5年）10月23日 初版第1刷発行

定価はカバーに表示してあります。

著　者　森　　　幸　二
発行者　大　田　昭　一
発行所　**公　職　研**

〒101-0051
東京都千代田区神田神保町2丁目20番地
TEL　03-3230-3701（代表）
　　　03-3230-3703（編集）
FAX　03-3230-1170
振替東京　6-154568

ISBN978-4-87526-442-2 C3031　https://www.koshokuken.co.jp

落丁・乱丁は取り替え致します。 **PRINTED IN JAPAN**

カバーデザイン：デザインオフィスあるる館
カバー・本文イラスト：ろっぷちょっぷ
印刷：モリモト印刷